Jean-Pierre Tairraz

GOLF

mode d'emploi

Préface
de
Philippe
Boegner

HACHETTE

Préface

C'était dans les années 50. Sam Snead, suivi de quelques journalistes, était venu reconnaître le parcours de Saint-Cloud sur lequel il devait disputer le lendemain l'Open international de France. Au trou n° 16 — un par 3 — sa balle atteignit le green, mais loin à droite du drapeau. « No pivot, Sam, dit son coach, begin again... » La seconde balle pitcha à un mètre du trou.

Le coach avait parlé avec une telle autorité que la remarque était — en quelque sorte — passée dans le corps de Snead. Plus qu'à aucun autre moment depuis que je pratiquais le golf, je compris ce jour-là que la vraie difficulté de l'enseignement de ce sport réside dans la façon de dire, dans le choix des mots et des images. Souvent, au cours de leçons, il m'est arrivé d'interroger longuement le professeur, faisant celui qui ne comprenait pas... Soudain, les mots justes arrivaient, et s'inscrivaient dans ma tête, descendaient dans les bras, les poignets, les hanches, les jambes, les pieds.

Quel joueur n'a éprouvé, durant une compétition, le bienfait d'une réflexion d'un partenaire, parfois même d'un adversaire ignorant jusqu'où peut aller le mot lancé « comme ça », pour parler ? Henry de Lamaze m'a dit une fois : « Efface plus ton épaule droite à la montée ! » Ce conseil fit baisser mon handicap de plusieurs points. Sait-on que ce grand champion, qui domina le golf français pendant près de vingt ans, allait avant chaque match important se dissimuler dans un coin du vestiaire ? Cherchant dans son portefeuille un papier déjà jauni par le temps, il relisait soigneusement les « dix commandements » écrits de sa main, les dix impératifs à son usage personnel.

J'en ai assez dit pour faire comprendre à quel point l'ouvrage qu'offre aujourd'hui Jean-Pierre Tairraz aux golfeurs de toutes catégories me paraît une réussite. Il apporte justement, en dehors des quelques considérations générales nécessaires, le langage précis et les images et dessins qui conviennent pour permettre à chaque joueur de « commander » à son corps le mouvement qu'il doit accomplir au moment de frapper la balle. A vrai dire, *Golf: mode d'emploi* n'est pas un livre — et en cela réside son originalité — c'est plutôt une succession de fiches auxquelles il est extrêmement profitable de se reporter, d'abord pour bien comprendre, ensuite pour bien exécuter. Jean-Pierre Tairraz, homme de terrain, professeur à Strasbourg, est parti d'une constatation de tous les instants: le regard inquiet du joueur qui vient de « rater un coup ». Que lui dire pour éviter qu'il recommence? Comment le lui dire? Quelle image imposer à son esprit?

« **N**o pivot... », avait dit son coach à Sam Snead. Jean-Pierre Tairraz vous dit beaucoup d'autres choses, mais il ne suffit pas de les lire, il faut les relire, regarder attentivement les images, il faut *s'imprégner* des explications qui les accompagnent, revenir sur certaines précisions visant tel ou tel défaut dont vous souffrez, prendre son temps pour les *« digérer »...* Alors les drives seront droits et longs, les approches s'arrêteront au drapeau, les balles ne resteront pas dans les bunkers... D'ailleurs, elles n'y iront plus.

Philippe Boegner

HISTORIQUE 1

Un jeu d'origine écossaise

C'est en jouant avec des pierres et des crosses que les bergers écossais mirent au point ce jeu, voilà cinq cents ans. Le golf est maintenant un des sports les plus pratiqués au monde.
Les règles du jeu furent codifiées en 1764 par le club de St Andrews, le fameux Royal and Ancient, qui est en quelque sorte « la Mecque du golf ».
En France, le parcours le plus ancien est celui de Pau, créé en 1856. C'est même le premier parcours construit en Europe.

LA BALLE DE GOLF

En gros, jusque vers 1848, les joueurs utilisaient une balle en cuir bourrée de plumes. Puis, à partir de cette date, on utilisa une balle en gutta percha (gomme indienne). Celle-ci exista jusqu'à la fin du XIXe siècle, où fut découvert le principe de la balle moderne en caoutchouc.
Actuellement il existe sur le marché deux tailles de balle :

- *la balle américaine :* diamètre 1,68 inch,
- *la balle anglaise :* diamètre 1,62 inch.

La balle américaine va bientôt totalement dominer le marché, dans la mesure où depuis plusieurs années les professionnels du golf l'utilisent.

LE SWING ET LE MATÉRIEL

Jusqu'au début du siècle existait un nombre considérable de mouvements de golf. Chaque école était convaincue de détenir la vérité golfique.
C'est le grand joueur Harry VARDON qui, au début de ce siècle, uniformisa les nombreuses méthodes qui proliféraient en Angleterre.
Il peut être considéré comme le père historique du swing de golf.
Bobby JONES succéda à Harry Vardon. Il imposa sa domination au golf mondial entre 1920 et 1930 grâce à son véritable génie golfique.
Bobby Jones jouait avec des clubs ayant des manches en bois.

HISTORIQUE 2

Un sport universellement répandu

On joua avec des manches en bois jusqu'en 1929, date de l'apparition des manches en acier. Leur utilisation fut généralisée vers 1936.

Pendant cette période — de 1929 à 1936 — aucun joueur n'arrive à dominer les autres.

Le premier joueur à maîtriser les manches en acier fut Byron NELSON, qui s'imposa entre 1936 et 1946 en développant un swing résolument moderne.

Puis vint BEN HOGAN qui, à force de travail, est devenu dans les années 50 le plus grand joueur au monde.

Plus près de nous, Arnold PALMER, puis Jack NICKLAUS et maintenant Tom WATSON continuent sur cette lancée avec une technique qui finalement évolue relativement peu depuis quarante ans.

Le golf est actuellement le deuxième sport mondial, après le football, au point de vue du nombre des licenciés.

Il y a de nos jours autant de joueurs de golf dans le monde que de Français en France.

BUT DU JEU DE GOLF 1

Faire le moins de coups possible

Le jeu consiste à envoyer une balle — en partant d'un départ donné — dans un trou situé à la base d'un drapeau en moins de coups possible.

Le poids maximum de la balle est de 45,93 grammes, le diamètre du trou est de 108 millimètres.

Pour frapper la balle, on utilise des clubs de golf dont on verra plus loin la forme et l'emploi.

En terme de golf on appelle un ***trou*** non seulement le trou creusé dans le green à la base du drapeau, mais aussi l'espace situé entre le départ et le drapeau d'arrivée.

Un parcours de golf comprend dix-huit trous, c'est-à-dire dix-huit étapes différentes. Quand le joueur finit un trou, il ramasse sa balle dans le trou du green et va la mettre au départ du trou suivant.

Chacun des trous a une longueur et une configuration différentes qui dépendent principalement du lieu sur lequel le terrain de golf a été créé par l'architecte (terrain boisé, vallonné...).C'est ainsi que sur un parcours de dix-huit trous pas un trou ne ressemble tout à fait à un autre. On peut dire que sur la planète il n'y a pas deux parcours de golf identiques.

Généralement le départ du trou n° 1 est proche du club-house et le drapeau du trou n° 18 se trouve lui aussi à proximité du club-house.

BUT DU JEU DE GOLF 2

Le score idéal: le PAR

A chaque trou est attribué un score idéal qu'on appelle ***PAR*** — score réalisé par les très bons joueurs — fonction de la distance séparant le départ du drapeau.

- Un trou inférieur à 229 mètres est un PAR 3.
- Un trou dont la longueur est comprise entre 229 mètres et 434 mètres est un PAR 4.
- Un trou dont la longueur est supérieure à 435 mètres est un PAR 5.

Sur un parcours de dix-huit trous il y a généralement: quatre PAR 3, dix PAR 4, quatre PAR 5.

Si nous faisons le total de tous ces PAR de chaque trou, on arrive à soixante-douze coups, score idéal pour la totalité du parcours.

La plupart des parcours au monde sont des PAR 72, ce qui correspond à une longueur d'environ 6 000 mètres.

Faire le parcours dans le PAR, donc en soixante-douze coups, est très difficile, surtout de façon régulière; il faut être de classe internationale pour y parvenir.

Vous vous situerez constamment par rapport à ce PAR et nous allons voir page 15 ce que signifie le ***handicap*** d'un joueur.

Schéma d'un trou

Nous avons parlé jusqu'à présent des dimensions des trous entre le départ et le green. Voyons maintenant de quels éléments se compose un trou de golf.

Trou n° 8 PAR 4
Longueur 421 mètres

LE JEU DE GOLF 2

Description d'un trou

LE DÉPART

En fait, sur chaque trou, il y a quatre départs (deux pour les hommes, deux pour les dames). Les femmes envoient en général moins loin la balle que les hommes, aussi leurs départs sont-ils plus près du drapeau que ceux des hommes. Chacun des quatre départs est signalé par des bornes de couleur. Suivant votre niveau de jeu, vous prendrez un des quatre départs.
Au départ d'un trou, vous avez le droit de surélever votre balle sur un tee, au-dessus du gazon. Par la suite, pendant le déroulement du jeu, vous n'aurez plus le droit de vous servir du tee, il faudra jouer la balle là où elle se trouve.

LE GREEN

C'est l'aboutissement du trou, une surface finement tondue autour du drapeau, sur laquelle on va faire rouler la balle. C'est l'endroit de ce qu'on appelle le ***putting*** parce qu'on utilise un club spécial : le ***putter,*** qui sert uniquement à faire rouler la balle pour la rentrer dans le trou.

LE FAIRWAY

Entre le départ et le green on trouve le ***fairway,*** partie de gazon entretenue. Le gazon n'y est pas aussi finement coupé que sur le green. Le fairway comporte des obstacles à éviter.

LES OBSTACLES

Ils servent à pénaliser les mauvais coups.
- ***Les bunkers.*** Ce sont des dépressions creusées dans le sol et remplies de sable.
- ***Les obstacles d'eau.*** Lac, étang, rivière...
- ***Les arbres.***

LE ROUGH

Ce sont de hautes herbes qui bordent le fairway.

LE HORS LIMITE

Il est signalé par des piquets blancs. Au-delà, la balle n'est plus en jeu.

Comment jouer un trou

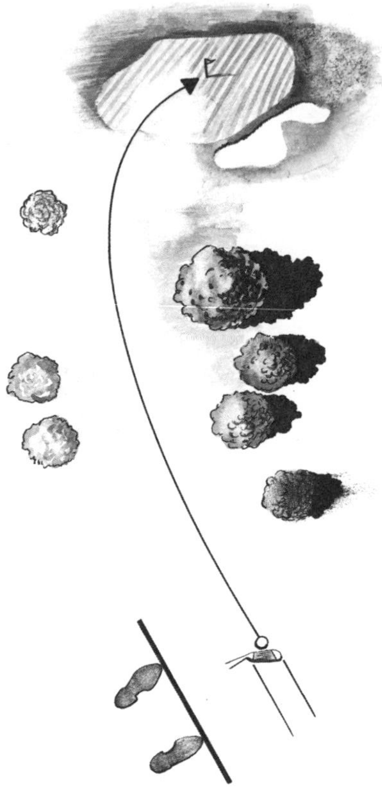

Prenons le cas du trou étudié précédemment. C'est un PAR 4 de 421 mètres. Nous voyons que le trou n'est pas dessiné droit, il tourne sur la droite : on appelle un tel trou un ***dog leg à droite.*** Il existe bien sûr des dogs legs à gauche.

Le joueur au départ va mettre sa balle sur un tee et choisir le club qui lui permettra d'envoyer sa balle le plus loin possible sur le fairway, à un endroit d'où il pourra atteindre le green directement avec son deuxième coup. Parvenu à hauteur de sa balle, il va estimer la distance qui lui reste à parcourir jusqu'au drapeau, disons 180 mètres environ.

Dans son sac, il va choisir le club qui lui permettra de couvrir cette distance. Il joue, sa balle tombe sur le green à 7 mètres du drapeau.

Sur le green, il prend son putter et met sa balle à 30 centimètres du drapeau. Puis, avec son quatrième coup, met la balle dans le trou.

Il s'agit du cas d'un bon joueur qui vient de réussir le PAR 4 « idéal » sur ce trou.

Deux enseignements sont à tirer.
- Un coup de 30 centimètres a la même valeur qu'un coup de 180 mètres.
- Deux coups ont été joués sur le parcours et deux coups sur le green, on voit donc toute l'importance du putting par rapport au reste du jeu.

LE JEU DE GOLF 4

On peut jouer seul, à deux, trois ou quatre joueurs

Ce joueur jouait seul. On peut jouer aussi à deux joueurs, à trois joueurs ou à quatre joueurs maximum ; il y a donc quatre balles en jeu, chacun jouant sa balle jusqu'à ce qu'il la rentre dans le trou.

Lors du déroulement d'un trou, lorsqu'on joue à plusieurs, c'est la balle la plus éloignée du drapeau qui doit être jouée d'abord, les autres joueurs attendant que le coup soit exécuté.

Les règles du golf ont pour but d'expliquer les règlements du jeu, mais aussi d'étudier toutes les possibilités qu'un joueur peut rencontrer sur un parcours (balle perdue, balle injouable, etc.).

Il est important de bien connaître les règles. En effet, leur non-observance entraîne des pénalités allant, dans les compétitions, jusqu'à la disqualification.

Faire le PAR sur un trou est idéal, il peut arriver qu'on fasse moins que le PAR, mais très souvent aussi plus que le PAR. Voici des noms de décompte de coups qu'il faut connaître :

PAR moins 3 coups = ALBATROS (exemple 2 coups sur un PAR 5)
PAR moins 2 coups = EAGLE (exemple 1 coup sur un PAR 3)
PAR moins 1 coup = BIRDY (exemple 3 coups sur un PAR 4)
PAR score idéal = PAR (exemple 4 coups sur un PAR 4)
PAR plus 1 coup = BOGEY (exemple 4 coups sur un PAR 3)
PAR plus 2 coups = DOUBLE BOGEY (exemple 6 coups sur un PAR 4)
PAR plus 3 coups = TRIPLE BOGEY (exemple 8 coups sur un PAR 5)

On appelle ***étiquette*** un ensemble de règles de conduite prescrivant le comportement que doit avoir le joueur sur le parcours vis-à-vis des autres joueurs et aussi du terrain.
On ne peut jouer au golf sans connaître l'étiquette et sans la respecter.

LE JEU DE GOLF 5

Longueur et précision

De façon générale :
- le green d'un PAR 3 doit être atteint en un coup,
- le green d'un PAR 4 doit être atteint en deux coups,
- le green d'un PAR 5 doit être atteint en trois coups.

Sur le green, habituellement deux coups de putter sont nécessaires pour mettre la balle dans le trou.

Ainsi, quand on fait le total des 18 PAR des 18 trous d'un parcours on arrive au score de 36 coups en dehors du green, 36 coups sur le green.

Ce score représente, bien sûr, le jeu parfait.

Un joueur de golf moyen réalisera plus que le PAR. Mais s'il fait le décompte de tous ses coups il s'apercevra que la moitié sont des coups de précision très courts (putting et approche à proximité du green).

Le petit jeu représente 50 % du score.

Il est donc nécessaire, pour réaliser de bons scores, de combiner longueur et précision des coups.

Le handicap

C'est un chiffre qui indique la valeur d'un joueur de golf. Il correspond au nombre habituel de coups que ce joueur effectue en plus du PAR au cours d'une partie.
Exemple: Un joueur de handicap 18 fera donc 72 + 18 = 90 coups en jouant 18 trous de golf dont le PAR est 72.
Bien sûr, il lui arrivera de faire plus ou moins de 90 coups, mais sur un certain nombre de parcours sa moyenne se situera à 90 coups.

Le handicap officiel chez les hommes va de 0 à 24.
Le handicap officiel chez les dames va de 0 à 28.
Le joueur est d'autant meilleur que son handicap est bas.
Dans la plupart des clubs français le handicap va même jusqu'à 36 pour que des joueurs de plus faible niveau puissent jouer les compétitions avec handicap.

COMPÉTITION AVEC HANDICAP

Le principe en est très simple. On déduit du nombre de coups que le joueur a effectivement réalisés pendant sa partie de 18 trous son handicap (on obtient alors son score *net*).

Exemple: Un joueur a fait 95 coups dans sa partie, son handicap est de 21, donc son score net est de 74.

C'est le joueur dont le décompte est le plus bas qui a gagné la compétition. Le ***handicap*** est donc l'élément moteur du golf et de ses compétitions, en tout cas chez les joueurs cherchant à réaliser des scores qui permettront de baisser leur handicap.

Exemple d'une carte de score au Golf Club de Strasbourg

COMPETITION COUPE DU PROFESSEUR DATE 26/06/85
FORMULE MEDAL PLAY
JOUEUR MARTIN Jean-Pierre HCP 18 POINTS REÇUS
JOUEUR ______ HCP ______ POINTS REÇUS

TROU	DISTANCE MÈTRES Boîtes Blanches	Boîtes Jaunes Noires	Boîtes Rouges	PAR	POINTS REÇUS	SCORES B	N	1	2	3	4
1	377	361	346	4	3	5					
2	347	333	320	4	17	6					
3	342	310	290	4	15	4					
4	463	435	393	5	11	5					
5	348	255	238	4	1	6					
6	165	158	151	3	9	4					
7	523	448	396	5	5	7					
8	166	157	148	3	13	3					
9	414	374	332	4	7	5					
Aller	3145	2841	2614	36		45					
10	335	315	286	4	10	4					
11	179	147	121	3	8	4					
12	323	276	255	4	6	4					
13	462	416	376	5	4	8					
14	364	335	301	4	2	4					
15	299	281	264	4	12	5					
16	150	138	126	3	18	4					
17	461	423	376	5	14	7					
18	329	294	270	4	16	4					
Retour	2902	2625	2375	36		44					
TOTAL	6047	5466	4989	72		89					

JOUEUR — HCP 18 — NET 71 — MARQUEUR

R.C.S. STRASBOURG B 303 376 990

S'il fait une bonne performance, le handicap d'un joueur peut être révisé en baisse, et vice versa. Dans le cas présent, le joueur Martin a joué à peu près son handicap de 18, il restera donc à 18. Dans un club, c'est la commission sportive du club qui décide du changement du handicap d'un joueur.

LE MATÉRIEL 1

Le putter, les fers, les bois

Pour frapper la balle, un joueur utilise des clubs qui se distinguent :
- par leur longueur,
- par l'inclinaison variable de leur face.

Suivant la longueur du manche du club, la vitesse linéaire de la tête est plus ou moins rapide au moment de l'impact, d'où une balle d'une portée plus ou moins longue.
Suivant l'inclinaison de la face du club la trajectoire en vol de la balle est plus ou moins haute.

Avec un plein swing chaque club envoie la balle à une certaine hauteur et à une certaine distance.

Pour faciliter les choses, chaque club est repérable par un numéro inscrit sur la tête.

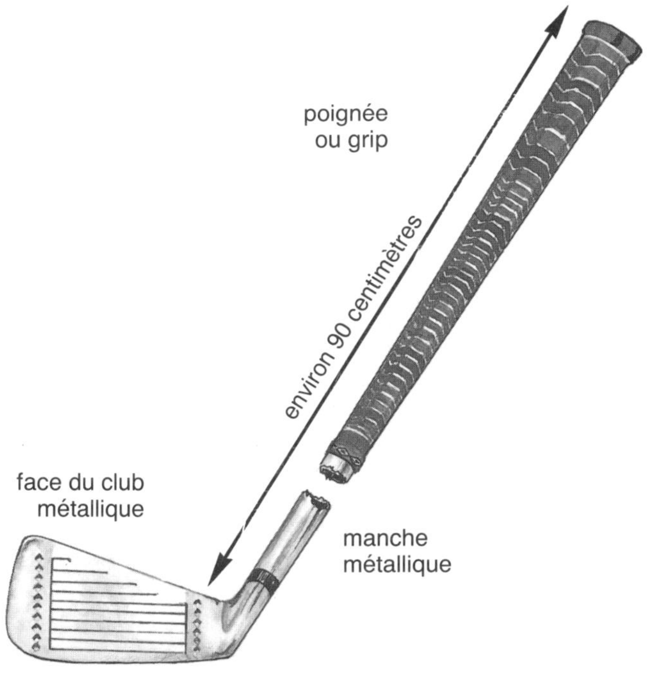

Fer vu de face

On distingue trois grandes catégories de clubs :

- Dans la première catégorie, un seul club, le ***putter.*** Sa face est perpendiculaire au sol. Il sert uniquement à faire rouler la balle. On s'en sert sur le green qui est l'endroit du putting.

- Dans la deuxième catégorie, plusieurs clubs numérotés : les ***fers.***

On les appelle ainsi parce que leur tête est métallique.

Fers et leurs portées pour un joueur de très bon niveau.

FER 1 = 190 mètres } ces deux clubs sont difficiles à jouer
FER 2 = 180 mètres } et réservés à de très bons joueurs
FER 3 = 170 mètres
FER 4 = 160 mètres
FER 5 = 150 mètres
FER 6 = 140 mètres
FER 7 = 130 mètres
FER 8 = 120 mètres
FER 9 = 110 mètres

PW (signifie pitching-wedge) pour des coups inférieurs à 100 mètres.
SW (signifie sand-wedge) pour sortir des bunkers à proximité du green.

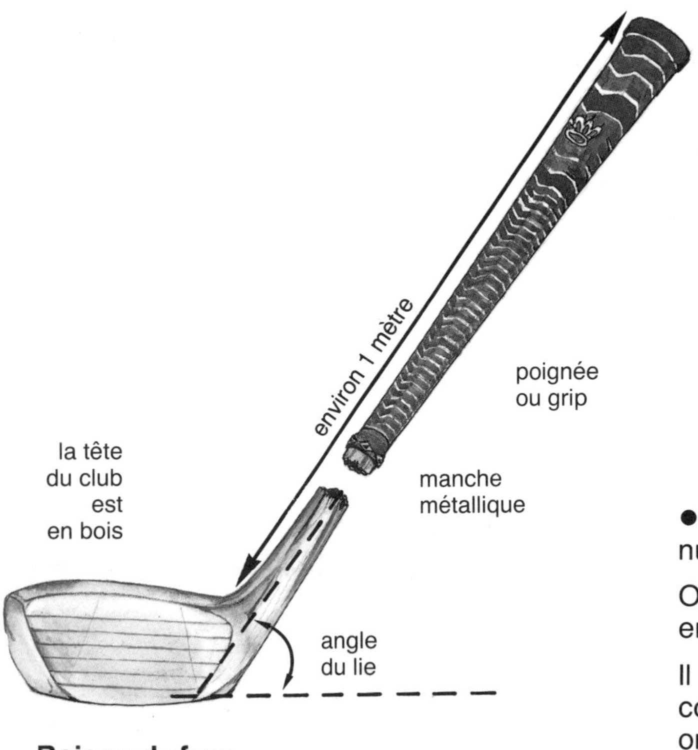

Bois vu de face

● Dans la troisième catégorie, plusieurs clubs numérotés : les ***bois.***

On les appelle ainsi parce que leur tête est en bois.

Il existe depuis un certain temps dans le commerce des bois dont la tête est métallique : on les appelle des ***bois métalliques,*** leur utilité est la même que celle des bois classiques.

LE MATÉRIEL 3

Voici les bois et leurs portées pour un joueur de bon niveau.

BOIS 1 = 230 mètres (on l'appelle aussi le ***drive***)
BOIS 2 = 210 mètres
BOIS 3 = 200 mètres
BOIS 4 = 180 mètres
BOIS 5 = 160 mètres
BOIS 6 = 150 mètres
BOIS 7 = 140 mètres

Certains fers permettent de taper aussi loin que certains bois, mais trois bois ont une distance de tir supérieure à n'importe quel fer : ce sont les bois 1, bois 2, bois 3.

Sur le terrain, à distance égale vaut-il mieux choisir un fer ou un bois ?
Tout dépend de la situation et du contexte (façon dont est placée la balle, obstacles à franchir, terrain sec ou mouillé, etc.).

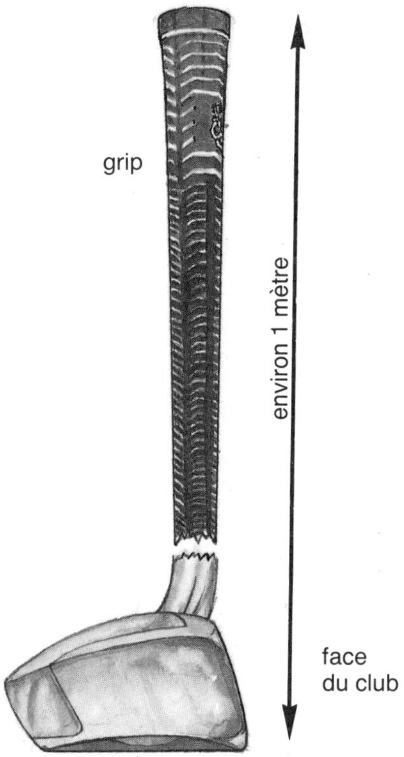

Bois vu de profil

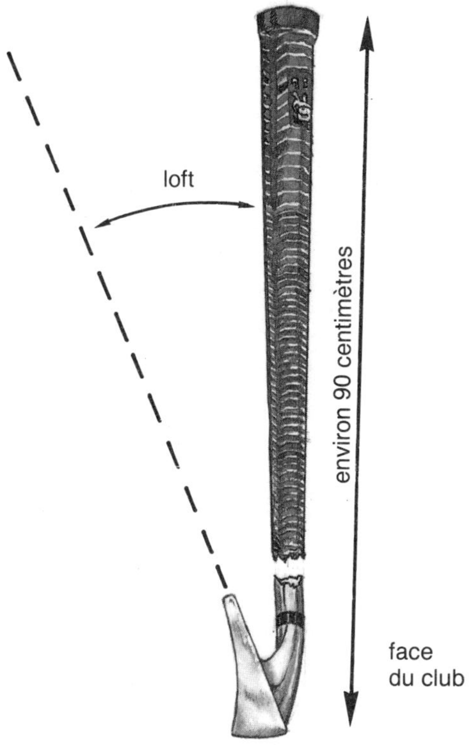

Fer vu de profil

LE MATÉRIEL 4

Quatorze clubs maximum dans un sac

Les règles de golf stipulent qu'au cours d'une partie un joueur n'a pas le droit de jouer avec plus de quatorze cannes. Or si nous faisons le compte des clubs étudiés nous arrivons à dix-neuf (et il en existe encore d'autres).

Il va falloir faire un choix parmi ces dix-neuf clubs. Voici la composition d'une série complète et classique de quatorze clubs :

Putter, fers 3, 4, 5, 6, 7, 8, 9, PW, SW, bois 1, 3, 4, 5.

Vous pouvez très bien, quand vous débutez le golf, avoir la panoplie complète, mais vous pouvez aussi débuter avec ce qu'on appelle une demi-série :

Exemple : Putter, fers 3, 5, 7, 9, SW, bois 3, 5.

Indépendamment de ces clubs, vous avez besoin d'un sac pour les ranger, d'un chariot pour le tirer, d'une paire de chaussures à clous, d'un parapluie, d'un gant pour la main gauche, de tees et de balles, bien sûr.

Choisir des clubs qui vous conviennent est une chose très difficile, mais votre professeur est là pour vous aider et vous conseiller. Tout dépend de votre morphologie et de votre swing. Citons les principaux éléments :

- Poids total du club,
- Longueur du manche,
- Flexibilité du manche,
- Loft (voir lexique),
- Lie (voir lexique),
- Épaisseur du grip,
- Swing-weight (relation du poids de la tête du club par rapport au poids du manche).

LES DIFFÉRENTES FACETTES DU JEU

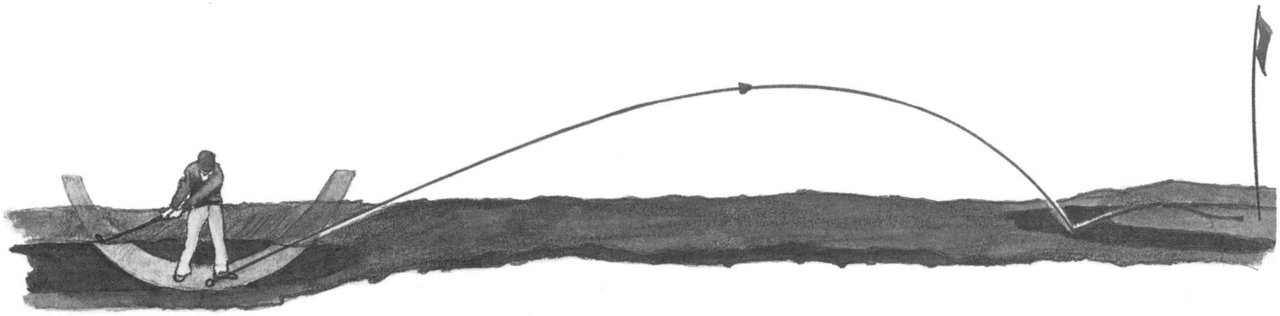

Le golf est un lancer de précision qui demande de la direction, mais aussi de la distance : il faut essayer d'obtenir le mouvement le plus efficace possible pour atteindre ces deux objectifs, afin que votre swing soit le moins sensible aux perturbations de tous niveaux.

Une partie de golf peut être divisée en deux :

- Le long jeu, qui nécessite un plein mouvement : 50 % du score.
- Le petit jeu, qui se situe dans un rayon d'environ 70 mètres autour du green ou du point sur le parcours à partir duquel, si vous faites un plein mouvement, vous dépassez le green : 50 % du score.

Les erreurs que l'on peut faire dans ces deux domaines dépendent :

ASPECT TECHNIQUE	● de votre alignement par rapport à l'objectif, ● de votre position, ● de la dynamique de votre mouvement.
ASPECT MENTAL	● de l'aspect mental du jeu (intelligence, maîtrise de soi, concentration, etc.).

La technique de golf ne représente que 50 % du jeu, les autres 50 % sont liés à l'aspect mental du jeu.

LES FACTEURS QUI INFLUENCENT LE VOL DE LA BALLE 1

Cinq facteurs déterminants

Le swing de golf comporte cinq facteurs qui vont déterminer le vol de la balle. Il est primordial de les connaître, c'est la base de vos progrès.
Rappelons à ce sujet une phrase du célèbre professeur John Jacobs : « Le mouvement du golf a pour but unique de lancer la face du club sur la balle, perpendiculairement à l'objectif, avec le maximum de vitesse. »

Que peut-il se passer à l'impact au moment où la tête de club est en train d'accélérer à grande vitesse sur la balle ? Examinons tour à tour chacun des cinq points essentiels.

1. LA POSITION DE LA FACE DU CLUB

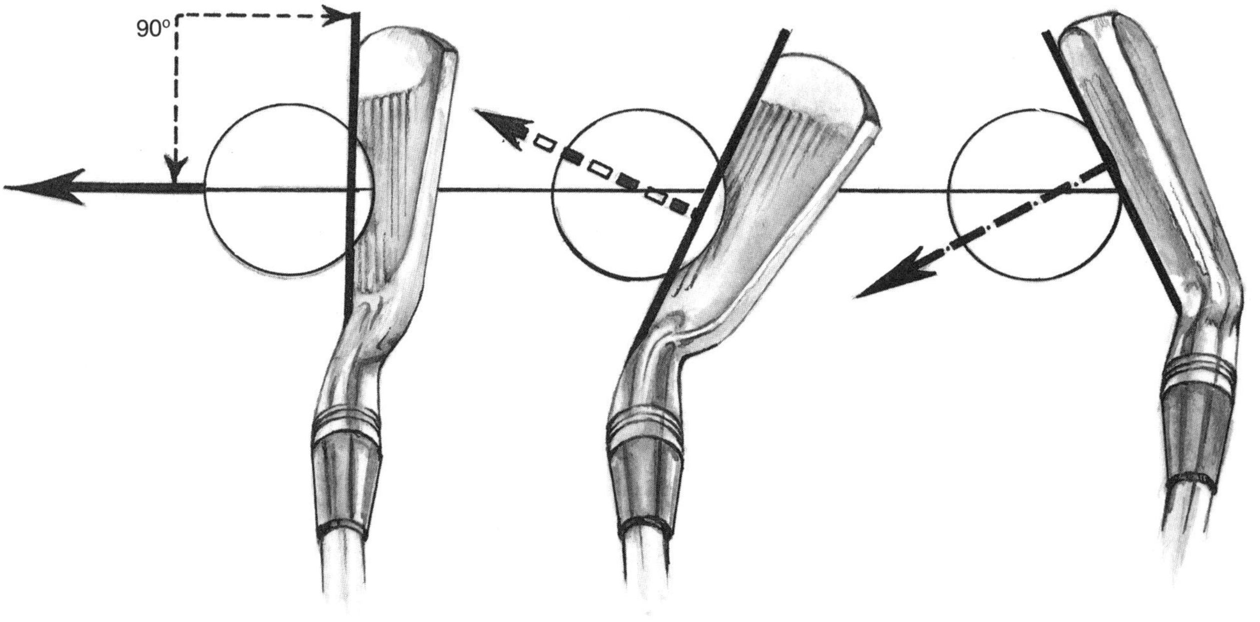

Face square : oui **Face ouverte : non** **Face fermée : non**

La mauvaise position de la face du club à l'impact va donner une orientation à gauche ou à droite au vol de la balle.

LES FACTEURS QUI INFLUENCENT LE VOL DE LA BALLE 2

2. LE CHEMIN SUIVI PAR LA TÊTE DU CLUB

Le trajet correct de la tête du club est l'arc de cercle qui suit le plus longtemps la ligne de jeu à l'impact.
Le trajet de la tête du club va déterminer le départ du vol de la balle, c'est-à-dire un départ :

- sur l'objectif,
- à gauche de l'objectif,
- à droite de l'objectif.

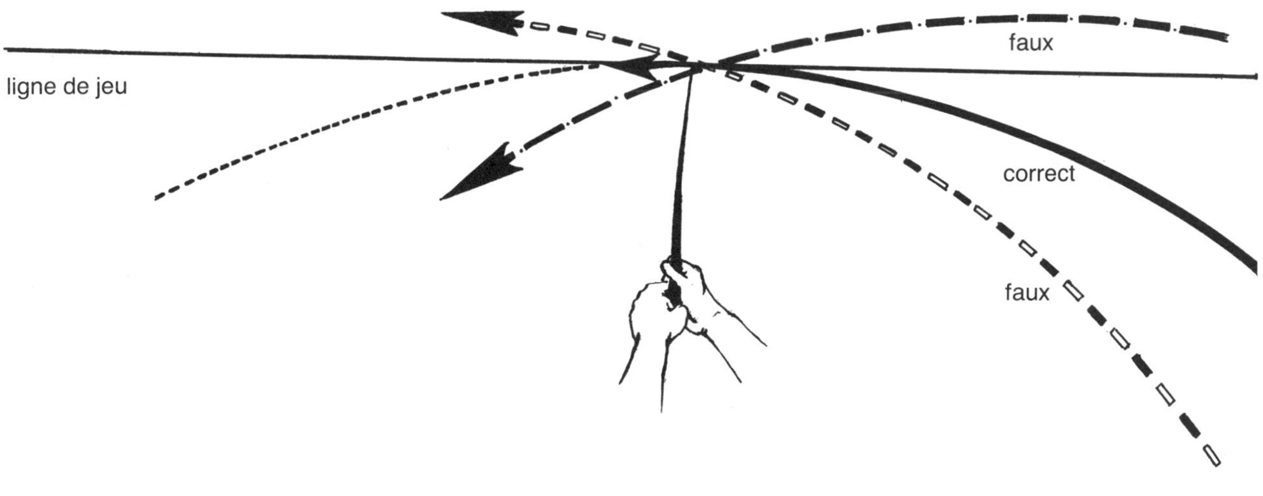

3. LA VITESSE DE LA TÊTE DU CLUB

Un bon swing est celui qui développe un maximum de vitesse dans la zone d'impact, c'est-à-dire un swing où vos mains et vos bras swinguent librement. Par contre, si vous jouez trop avec votre corps (en force, donc) non seulement vous perdrez de la vitesse, mais vous modifierez l'orientation de la face du club et le chemin suivi par la tête.

4. L'ANGLE D'ATTAQUE DE LA TÊTE DU CLUB SUR LA BALLE

C'est la façon dont la tête du club attaque la balle :
- de haut en bas,
- parallèle au sol,
- de bas en haut.

mauvais (haut en bas) correct (parallèle au sol) mauvais (bas en haut)

Cet angle doit varier suivant qu'on utilise un bois, un fer ou un petit fer.

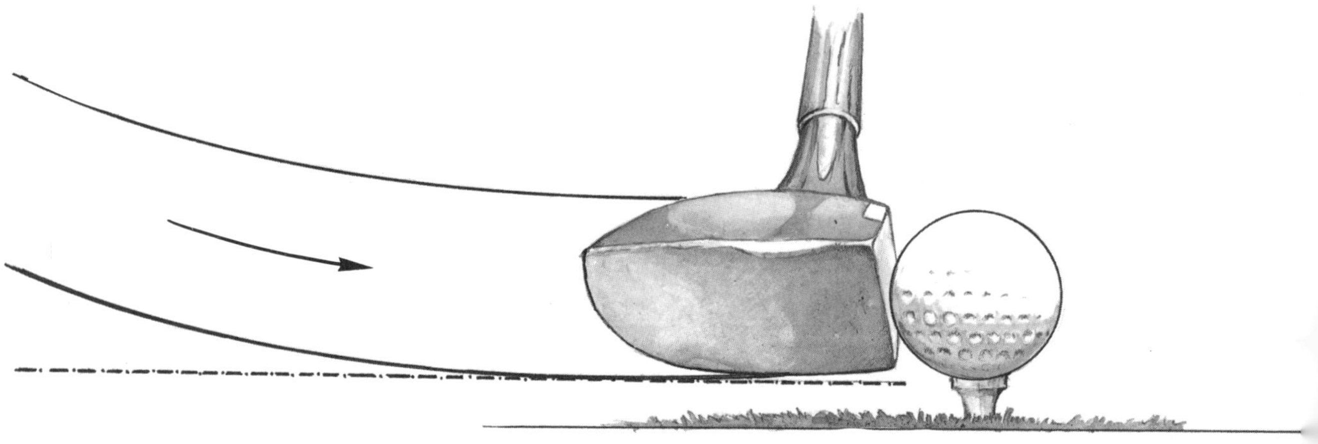

Avec un bois, la tête du club doit attaquer la balle parallèlement au sol ou légèrement en remontant.

Angle d'attaque (suite)

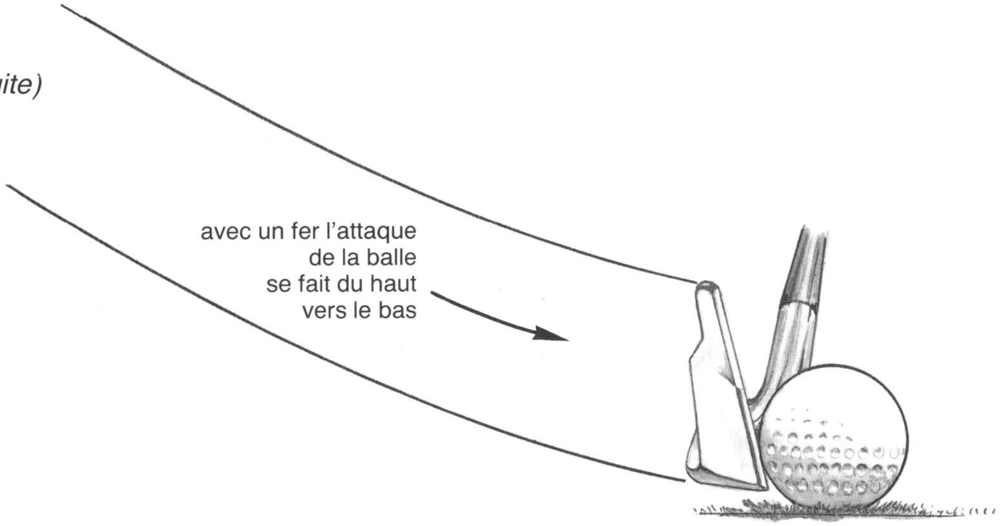

5. LE POINT DE CONTACT BALLE-CLUB

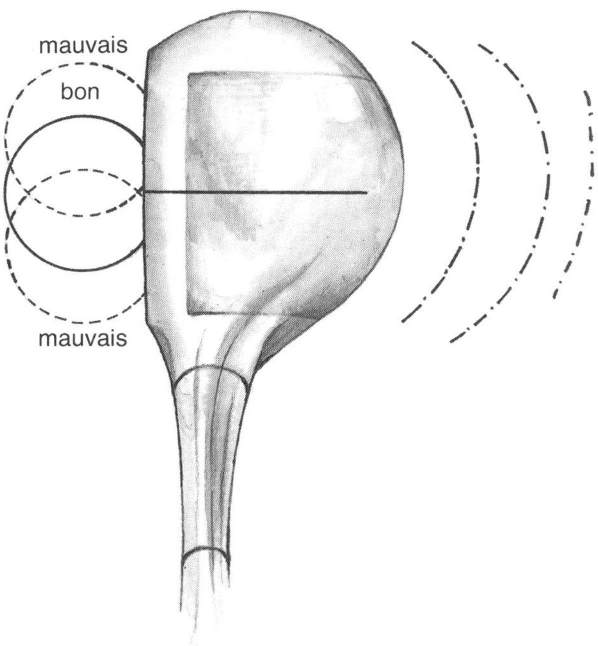

Il est important, pour bénéficier du maximum de puissance, de taper la balle au centre de la face du club.

LES DIFFÉRENTES POSSIBILITÉS DE VOL DE LA BALLE

Neuf possibilités de vol

Mis à part la trajectoire et la distance, il y a neuf possibilités de vol de la balle de golf qui dépendent directement de deux facteurs que nous avons vus précédemment :
— l'orientation de la face du club,
— le chemin suivi par la tête du club.
Chaque trajectoire porte un nom.

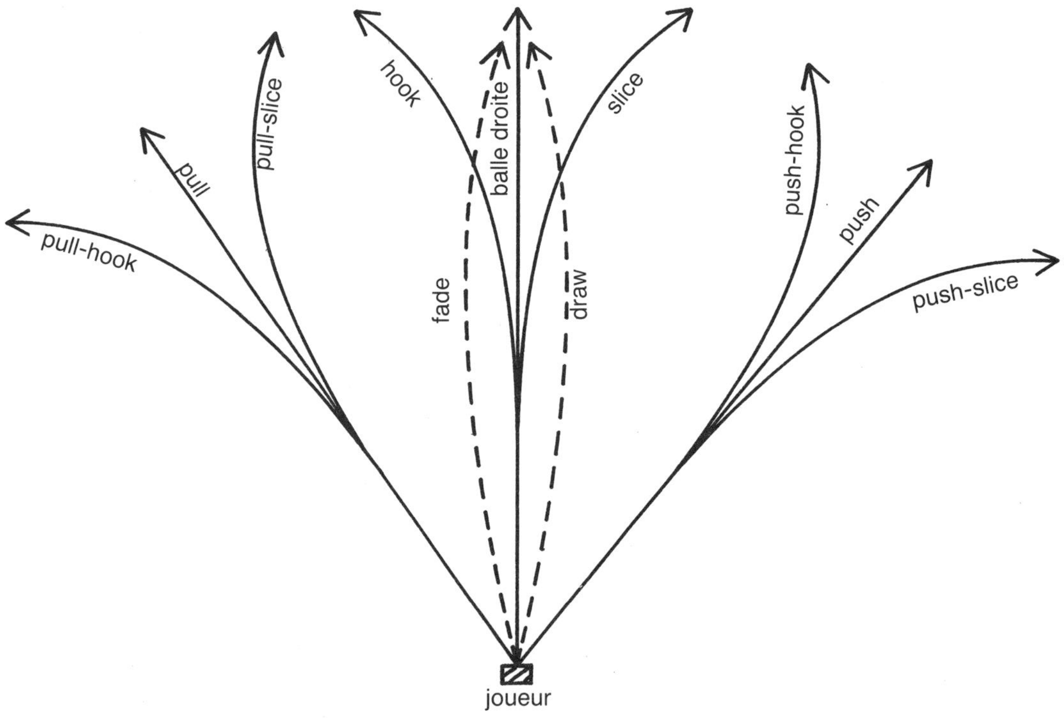

Nous appellerons draw et fade deux trajectoires de balle qu'emploient souvent les bons joueurs lorsqu'ils « travaillent » leurs balles.
Le draw est un léger hook dont le vol initial part un peu à droite de l'objectif.
Le fade est un léger slice dont le vol initial part un peu à gauche de l'objectif.

Ainsi, en examinant le vol de votre balle, vous pouvez déterminer à l'impact les deux facteurs physiques précités ; de plus, en regardant la trace que votre club a laissée sur le gazon, vous pouvez déterminer l'angle d'attaque très facilement.
Vous pouvez donc analyser votre mouvement en réfléchissant au comportement de votre balle en vol.
Sachez enfin qu'un bon joueur donne toujours un peu d'effet à la balle (fade ou draw), cela afin de mieux la contrôler : il travaille sa balle.

LA FRAPPE DE BALLE

La face du club vient de l'intérieur, frappe de façon rectiligne et revient à l'intérieur après l'impact

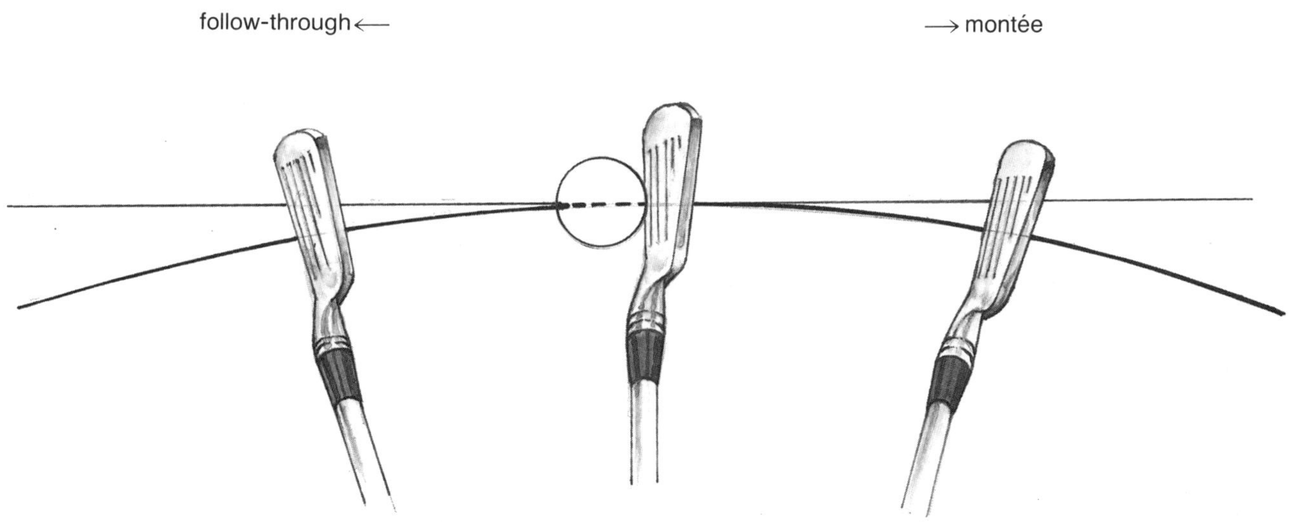

Il faut avoir en soi l'image de la tête du club s'ouvrant dans la montée, étant square à l'impact, puis se fermant au ***follow-trough*** (sortie de votre mouvement), ce qui est une suite logique à l'ensemble du swing lui-même.

La face du club forme toujours un angle droit avec l'axe de votre mouvement : c'est cela un mouvement ***square.***

LE GRIP 1

Une certaine pression dans les trois derniers doigts de la main gauche

Il est essentiel d'avoir un bon grip pour bien jouer au golf : il s'agit de trouver le grip qui vous permette de ramener la face du club vers la balle à grande vitesse dans une position perpendiculaire à la trajectoire qu'elle suit.

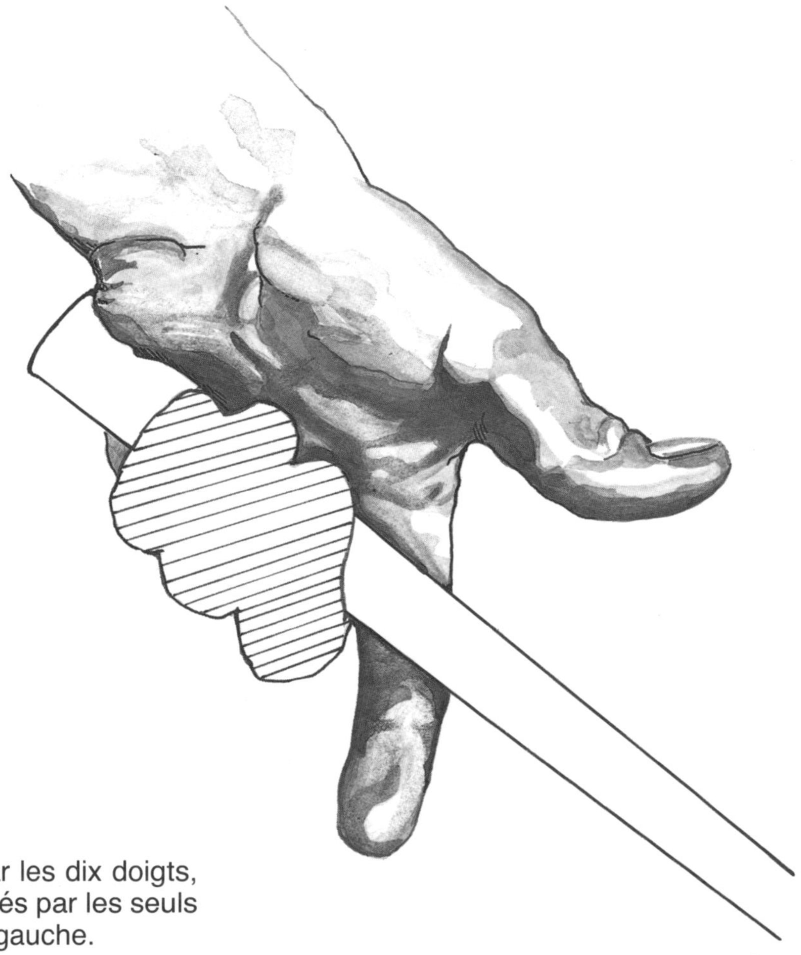

Si 100 % du club sont tenus par les dix doigts, 75 % de cette prise sont contrôlés par les seuls trois derniers doigts de la main gauche.

Votre professeur est là dès le début pour vous donner le grip qui vous convient personnellement et non pas un grip standard.

Main droite : le grip est contrôlé par les doigts

Après avoir placé votre main gauche — vous avez la sensation de tenir le club avec les trois derniers doigts (le pouce gauche étant sur le dessus du manche) — placez votre main droite.
Le plus important est de sentir que vous faites passer le manche à la racine des deux doigts du milieu de cette main droite (annulaire et majeur).

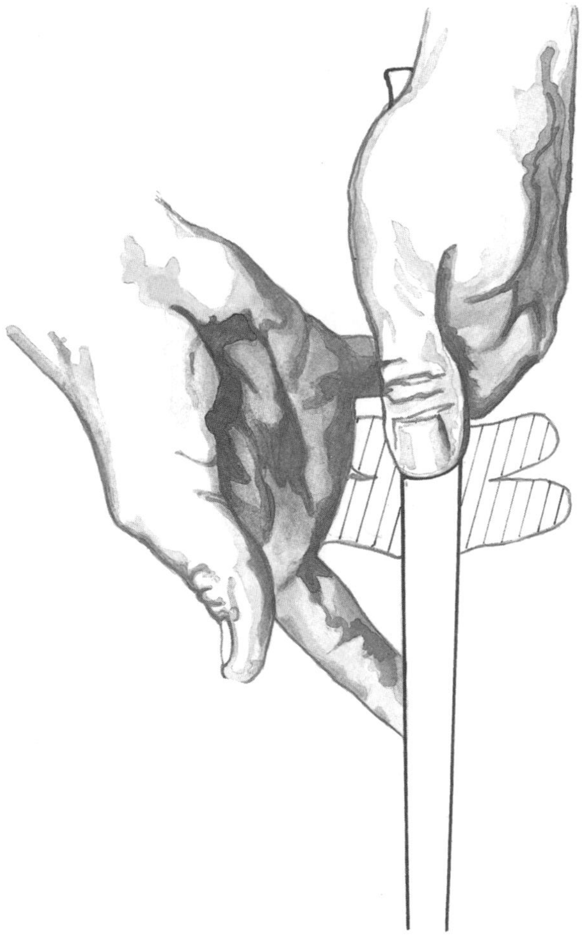

Le petit doigt de la main droite est soit posé entre l'index et le majeur de la main gauche, soit croisé avec l'index de la main gauche.
De cette manière vous aurez une meilleure unité des mains.

Dans la main droite, ce sont les deux doigts du milieu qui contrôlent la canne.

LE GRIP 3

Trouvez la bonne pression dans vos mains

La difficulté va être de trouver la bonne pression des mains à l'adresse, sachant que pendant l'exécution du swing les mains vont considérablement augmenter leur pression (notamment dans la zone d'impact).

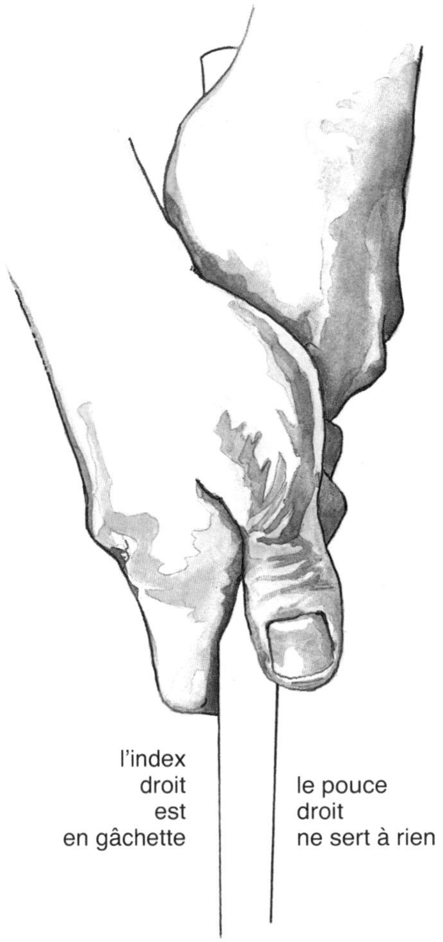

La meilleure solution consiste à taper des balles en débutant avec le grip le plus léger possible, puis de le rendre plus ferme. Au bout d'un instant, à force de durcir vos mains, vous aurez la sensation de perdre totalement le contrôle de votre club.

Cet exercice a pour but de vous permettre de trouver la pression qui vous convient à l'adresse dans la main gauche et dans la main droite.

LA VISÉE 1

On aligne la face du club d'abord, le corps ensuite

La première chose à faire pour viser est de positionner la face du club sur l'objectif et ensuite seulement de placer le corps, jamais l'inverse.
Un bon moyen d'y parvenir est de se mettre derrière votre balle et de choisir sur la ligne de jeu un point de repère intermédiaire (feuille, brin d'herbe, etc.) à environ un mètre de votre balle.

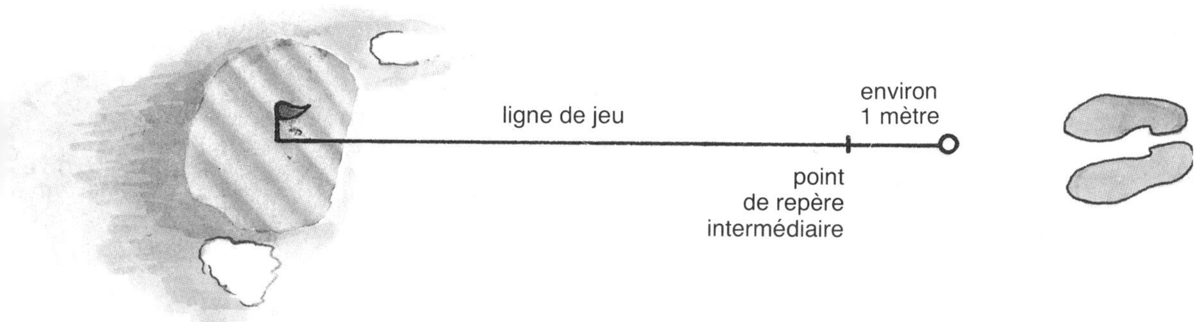

Ensuite, une bonne méthode est de se mettre pieds joints pendant que vous orientez votre face de club perpendiculairement au petit segment d'un mètre (et donc à la ligne de jeu).

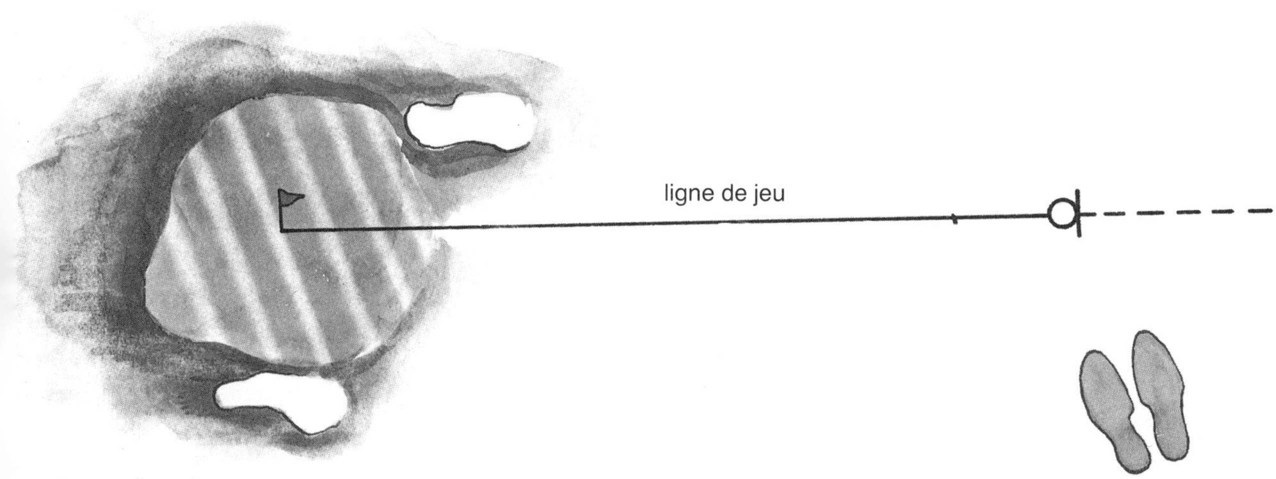

Première étape

Le corps est aligné parallèlement à la ligne de jeu

En procédant ainsi on fait « d'une pierre trois coups » :
- On vise plus facilement.
- On trouve plus aisément sa distance par rapport à la balle.
- On positionne mieux sa balle par rapport aux pieds.

Ensuite vous écartez vos pieds en prenant soin de les placer parallèlement à la ligne de jeu.

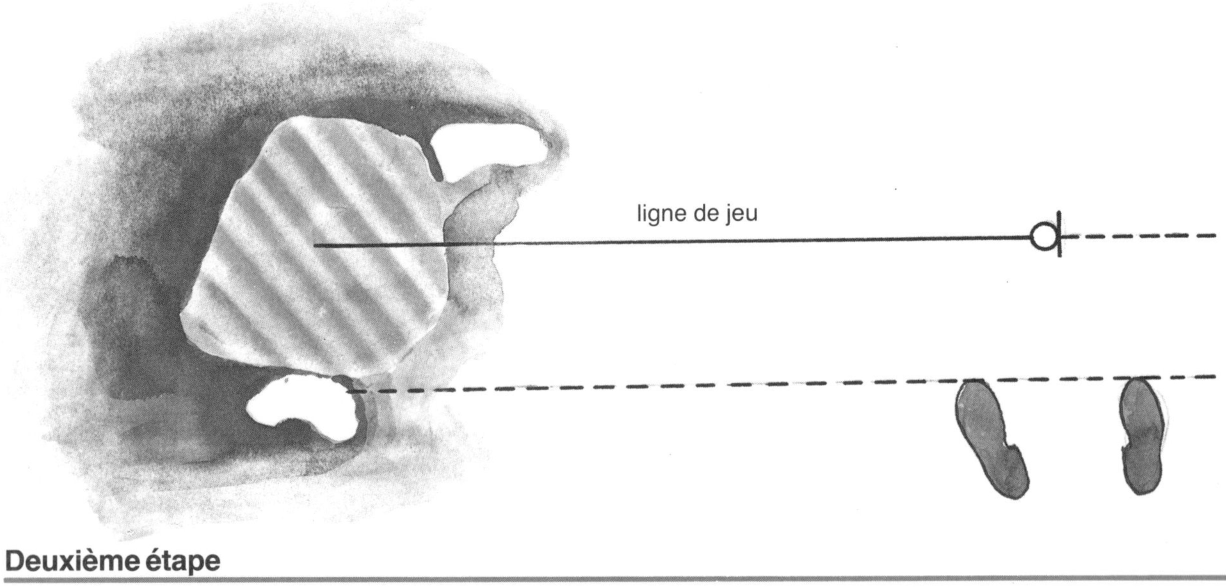

Deuxième étape

Imaginez deux rails de chemin de fer: la balle est jouée sur un rail et le corps est placé sur l'autre rail. L'écartement des pieds doit être à peu près équivalent à la largeur de vos épaules.

LA POSITION DE LA BALLE PAR RAPPORT AUX PIEDS

Sur un coup normal, habituez-vous à placer votre balle toujours à gauche du milieu des pieds

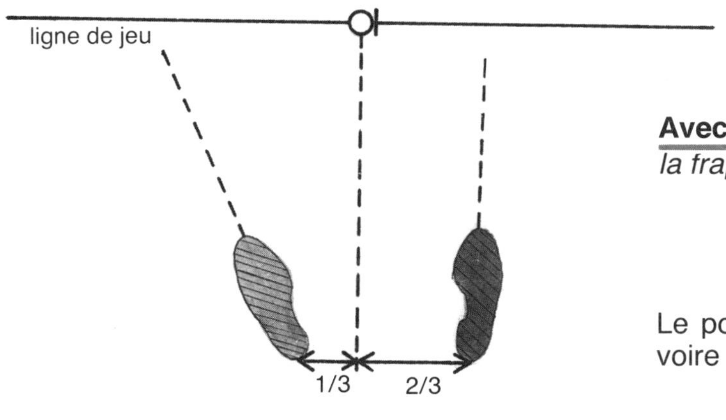

Avec un fer

la frappe sera descendante sur la balle

Le poids du corps est équilibré sur vos pieds, voire légèrement à droite.

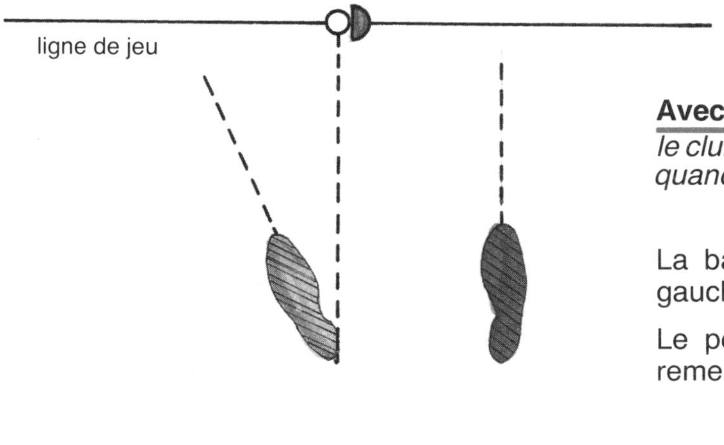

Avec un bois sur un tee

le club sera en train de remonter quand il frappera la balle

La balle est jouée en face du talon du pied gauche.

Le poids du corps doit être positionné légèrement plus sur votre pied droit.

Que ce soit avec un fer ou avec un bois, prenez aussi l'habitude de mettre le pied droit à peu près perpendiculaire à la ligne de jeu (pour stabiliser la montée) et le pied gauche ouvert vers la gauche (pour favoriser la sortie et le finish).

POSITION DU CORPS (de face)

Le bras gauche est dans le prolongement du club à l'adresse et la tête est au-dessus du genou droit

Parce que votre main droite se trouve plus basse que votre main gauche sur le manche et que votre bras droit est décontracté, la même inclinaison se répercute tout naturellement au niveau de vos épaules : votre épaule droite s'abaisse un peu par rapport à la gauche, ce qui contribue à placer votre tête derrière la balle, au-dessus du genou droit.

La tête étant à droite de la balle à l'adresse, il faudra essayer de la garder dans cette position jusque après l'impact. Elle pourra cependant pivoter légèrement sur son propre axe (la base de la nuque) pendant le mouvement.
Prenez d'ailleurs l'habitude de regarder la balle plutôt avec l'œil gauche quand vous êtes à l'adresse en la faisant pivoter légèrement à droite sur son axe.
De cette manière le pivot des épaules sera meilleur à la montée et la tête restera plus facilement derrière la balle à l'impact.

POSITION DU CORPS (de profil)

Sentir l'une de ses moitiés décontractée, l'autre ferme

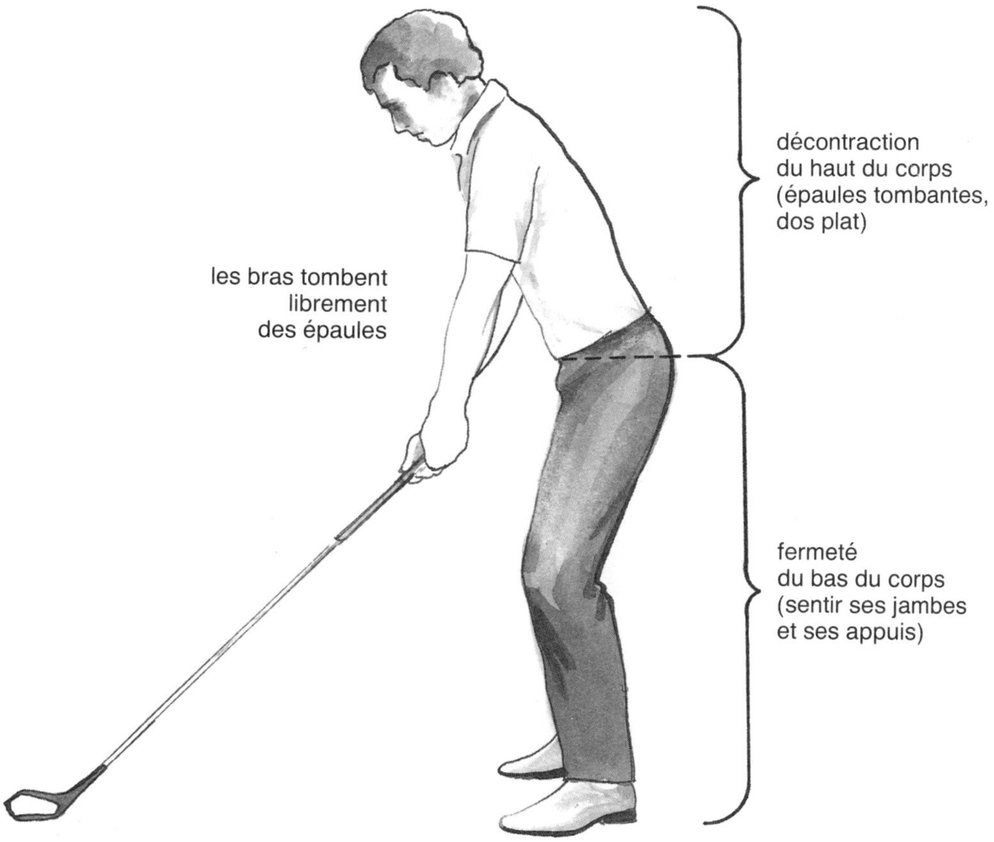

Un des buts de la position du corps est que pendant l'exécution du swing la partie inférieure du corps offre une résistance appropriée au pivot de la partie supérieure.

N'oubliez pas : ne partez jamais d'une position statique et figée.

Avant de démarrer sa montée, un bon joueur est toujours en train de bouger un peu afin de partir d'une position dynamique.

L'ADRESSE (ou position de départ) 1

Le corps est placé parallèlement à la ligne de jeu

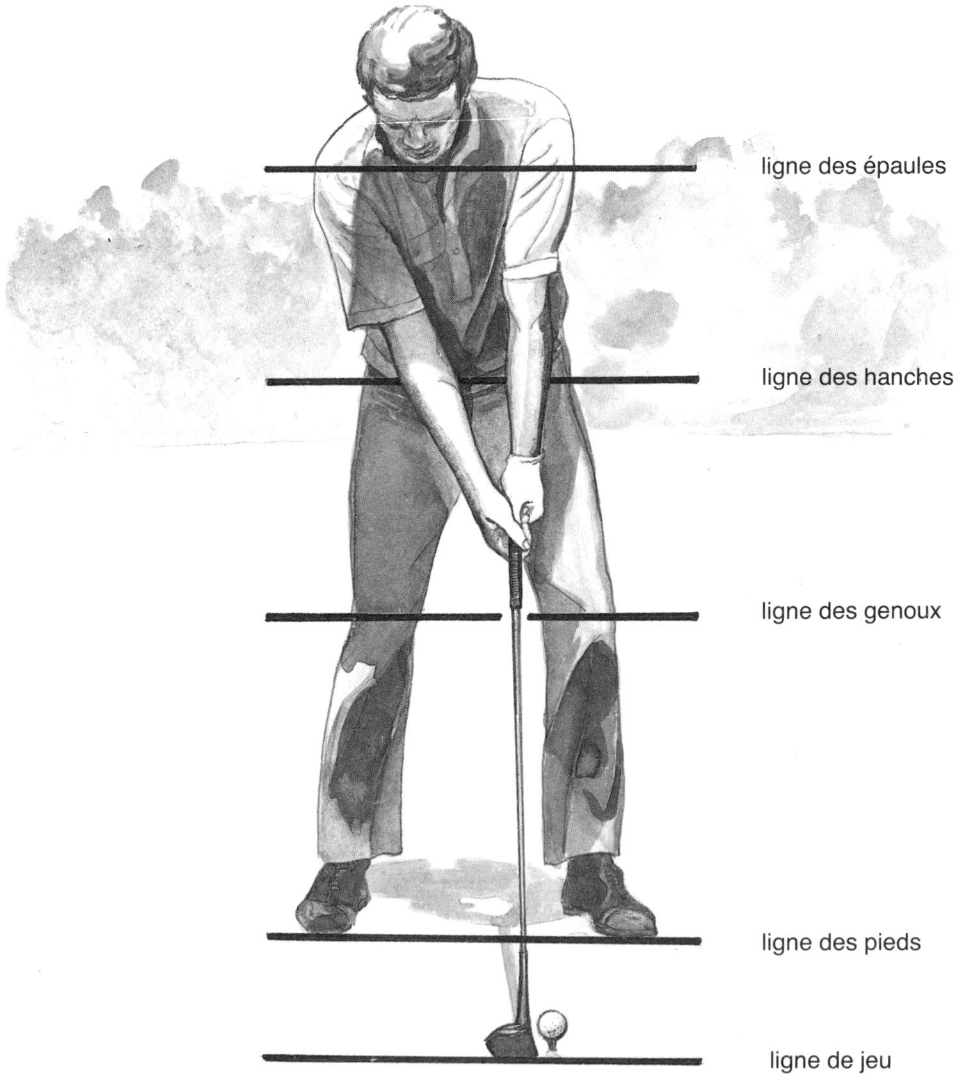

Il est important d'être bien aligné avant d'effectuer un coup de golf. Cela veut dire que bien que le côté droit soit plus bas que le côté gauche à l'adresse, la ligne des épaules, la ligne des hanches, la ligne des genoux et la ligne du bout des pieds sont toutes parallèles à la ligne de jeu. La face du club, elle, étant perpendiculaire à la ligne de jeu.

L'ADRESSE (ou position de départ) 2

Le côté droit du corps est légèrement plus bas que le côté gauche

Le côté droit du corps (l'épaule, la hanche, le genou) est légèrement plus bas que le côté gauche.
Le poids du corps se trouve ainsi plutôt un peu plus sur l'intérieur du pied droit.
Sans cette légère inclinaison du corps il vous sera difficile de lancer le club sur la balle en direction de l'objectif.

L'IMPACT ET L'ADRESSE

L'adresse préfigure l'impact

Adresse

Impact

Le contact square est obtenu en rétablissant à l'impact le levier bras grauche dans le prolongement du club.

Seul le bas du corps a changé de position par rapport à celle qu'il occupait à l'adresse (la position du haut du corps est pratiquement celle de l'adresse).

LE BRAS GAUCHE

Tendu mais pas raide

Durant l'exécution du swing vous bénéficierez de deux leviers constants: le bras gauche et le club articulés par votre poignet gauche. De cette façon, vous augmentez considérablement la vitesse de la tête du club.
Il est indispensable que votre bras gauche reste tendu pendant l'exécution du mouvement afin que le levier reste constant: mais attention, un bras gauche tendu n'est pas un bras gauche raide.

Pour avoir une meilleure image de ce que doit être le bras gauche, on pourrait parler de bras allongé.

Bras tendu = bras allongé.

Au sommet du backswing votre distance par rapport à la balle est identique à celle que vous aviez à l'adresse, votre arc de cercle est ainsi constant et la balle pourra être un accident sur la trajectoire de la tête du club.

Le bras gauche restera encore tendu bien après l'impact et ne pliera qu'au finish.

LA TÊTE

Immobile mais pas fixe

L'axe du swing est en fait la base de la nuque, la tête pourra pivoter autour de cet axe, notamment au ***follow-through*** (sortie du mouvement) afin que vous puissiez suivre votre balle en vol.
En gardant la tête immobile vous maintenez votre corps à une distance constante par rapport à la balle, ce qui est essentiel.

BRAS PLIÉ	non	TÊTE MOBILE	non	
BRAS TENDU	oui	TÊTE IMMOBILE	oui	voilà la bonne formule
BRAS RAIDE	non	TÊTE FIXE	non	

LA MONTÉE
TAKE-AWAY (tout début de la montée) 1

A ce stade évitez toute manipulation de vos mains

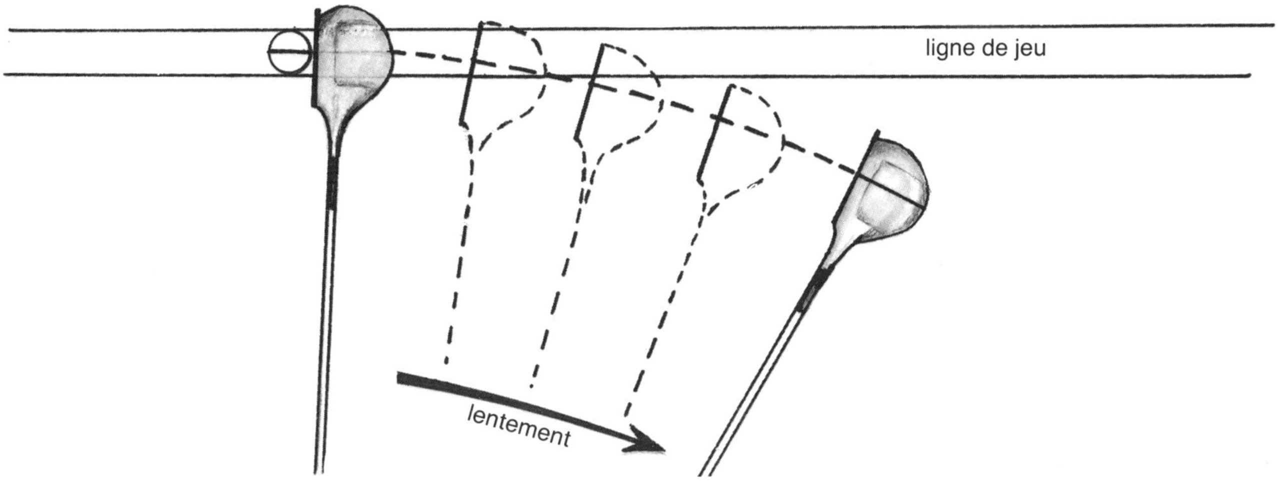

Il faut éloigner le club de la balle d'une seule pièce par une action de votre main et de votre bras gauches, sans manipulation des mains (c'est-à-dire sans action de poignets), sans la moindre tension dans vos épaules.
La face du club va venir progressivement vers l'intérieur et aura plutôt tendance à s'ouvrir.

LA MONTÉE 2
DÉBUT DE LA MONTÉE

Le bras gauche entame son action, l'épaule droite s'efface

L'épaule droite s'efface immédiatement dès l'instant où le bras gauche entame son action dans la montée. Aucune tension ne doit apparaître dans vos épaules.

Ainsi la partie supérieure du corps, jouissant d'une grande mobilité et décontraction, va, petit à petit, pivoter à fond sur la partie inférieure qui, tout en suivant, offre néanmoins une certaine résistance : l'effet de ressort est ainsi créé.

Dans ce début de montée les épaules suivent l'action des bras, et notamment l'action du bras gauche.

LA MONTÉE 3
LES POIGNETS DANS LA MONTÉE

Ils vont s'armer naturellement à partir du niveau des hanches

Si vos épaules tournent librement et si votre main droite est légère sur la canne (et agit donc de façon passive par rapport à la main gauche), les poignets vont s'armer et agir de façon naturelle à la montée.
Leur armement va être important entre le niveau des hanches et celui des épaules, mais ils ne sont pas cassés délibérément, ils se cassent uniquement en fonction de la force centrifuge créée par le poids du club et le déplacement des bras.

LA MONTÉE – LE PLAN DES ÉPAULES ET LE PLAN DES BRAS 4

Les épaules pivotent dans un plan plus horizontal que celui des bras

Tandis que vos bras montent le club, veillez à ce que vos épaules tournent correctement. L'essentiel est que leur rotation s'effectue dans un plan plus horizontal que celui des bras.
Pour y parvenir, vous ne devez ressentir aucune tension dans votre dos et dans vos épaules.

Le plan des bras est le plan qui passe par la balle et par la base de la nuque.

Cette différenciation entre le plan des épaules et celui des bras permet au corps de s'effacer à la descente tandis que le club, grâce au plan plus vertical des bras, se déplace dans une trajectoire dirigée de l'intérieur vers l'intérieur mais droite au moment de l'impact.

La montée a ainsi deux buts:
– Créer de l'énergie en pivotant,
– Coordonner le plan du mouvement et l'orientation de la face du club.

LA MONTÉE
LE CÔTÉ GAUCHE

5

Le côté gauche de votre corps swingue autour de votre genou droit et de votre jambe droite

Le genou droit ainsi que la jambe droite supportent le swing de golf à la montée. Votre pensée doit être de swinguer le côté gauche de votre corps autour de votre genou droit et de votre jambe droite. Votre côté gauche jouira ainsi d'une certaine liberté de mouvement (le poids du corps étant en majeure partie sur le côté droit), ce qui lui permettra d'être plus actif à la descente.

Remarque : *tout ceci n'est possible qu'avec une bonne position d'adresse.*

LA MONTÉE
LE GENOU DROIT

Une des clés d'une bonne montée: la stabilité de votre genou droit

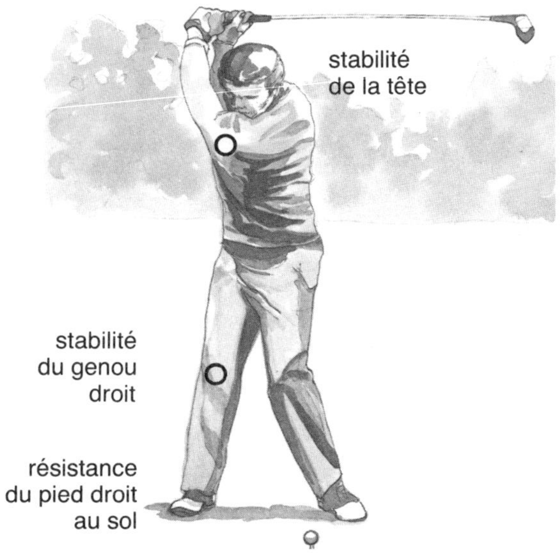

Le pied droit et le genou droit vont résister à la tension du haut du corps, ils doivent donc rester très stables.

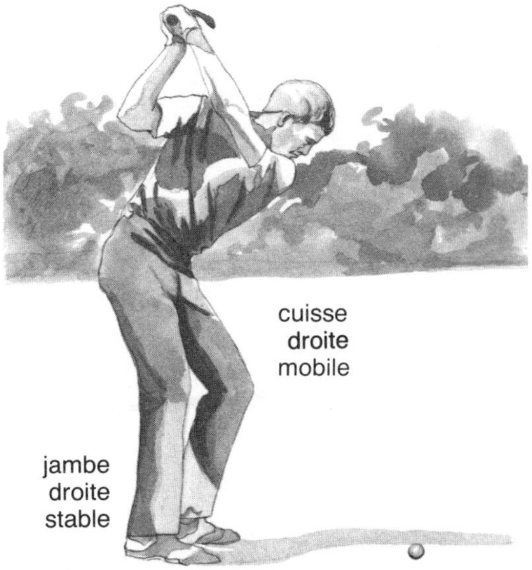

La jambe droite garde la même flexion qu'elle avait à l'adresse, par contre la cuisse droite est mobile pour permettre la rotation des hanches.

LA MONTÉE
PLAN DU MOUVEMENT 7

Se situe à mi-chemin entre l'horizontale et la verticale

C'est le plan qui passe par la balle et la base de la nuque : c'est dans ce plan que doivent se mouvoir librement vos bras.

Si vos épaules suivent, les bras vont pouvoir librement bouger dans ce plan.

Un point de repère est que si vous vous arrêtez au sommet du backswing et si vous lâchez votre club il va tomber approximativement sur le coin de l'épaule droite ; vous ne serez jamais loin du bon plan.

Un joueur de petite taille se tiendra loin de sa balle et aura donc un plan de swing plus plat qu'un joueur de grande taille qui, lui, se tiendra plus près de la balle avec un plan de swing plus vertical.

FIN DE LA MONTÉE

Le ressort est monté

Le haut du corps a pivoté sur le bas du corps.

Il y a un moyen très simple de vérifier si vous avez bien pivoté à la montée : essayez de vous arrêter quelques secondes au sommet de la montée, si vous avez bien tendu le ressort cela vous sera pénible.

On tourne autour de la jambe droite et donc du genou droit à la montée. Une certaine tension doit être ressentie dans le genou droit.

Le genou droit va rester fléchi tout au long du mouvement.

LA LONGUEUR DE L'ARC DE VOTRE SWING

Peu importe la longueur de votre arc de swing, l'essentiel est que le ressort soit bien monté

La célèbre joueuse américaine Jo Anne Carner est ici au sommet de sa montée.
Sa montée est courte, pourtant elle est dans une position idéale pour entamer sa descente (ses épaules ont pivoté à fond et ses poignets sont armés).

Un joueur plus souple comme ici le fameux Sam Snead a besoin d'une montée plus longue et plus ample.
A ce moment-là le club peut atteindre l'horizontale au sommet de la montée et se retrouve alors parallèle à la ligne de jeu.

Arc de swing long ou arc de swing court : tout dépend de votre morphologie.

QUELQUES SENSATIONS IMPORTANTES

Le golf est un jeu de sensations

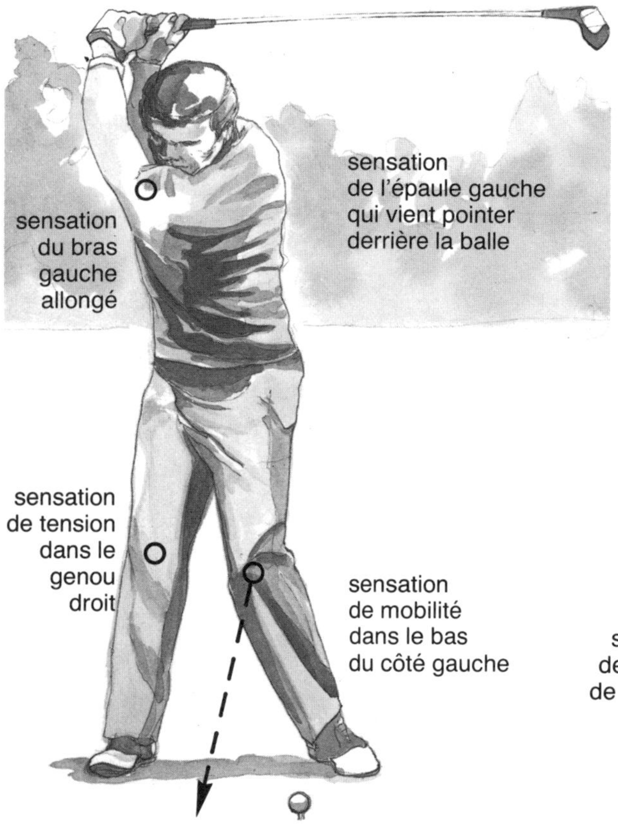

LE DÉBUT DE LA DESCENTE

L'action du genou gauche

Le genou gauche vient pointer derrière la balle en réaction à la tension exercée par les mains et les bras sur le haut du corps.

Le genou gauche repart en premier.

Le début de la descente se fera par réflexe car le haut du corps, qui avait entraîné le bas en rotation dans la montée grâce au mouvement libre des bras, va suivre cette fois la partie inférieure du corps, à la manière d'un ressort qui se détend.

A ce moment-là les bras et les mains sont tirés vers le bas à l'intérieur de la ligne de jeu et vont envoyer la tête du club à travers la balle.

La sensation de début de descente peut très bien être ailleurs que dans votre genou gauche, par exemple dans la jambe gauche ou encore dans votre pied gauche, etc., peu importe mais il faut que vous ayez une sensation de mobilité dans le bas de votre côté gauche.

LES POIGNETS DANS LA DESCENTE

Retenir l'angle formé entre le bras gauche et le club au début de la descente

Début de la descente

Le fait de retenir les poignets cassés au début de la descente est facilité par la mobilité du bas du côté gauche mais aussi par le contrôle qu'exercent les trois derniers doigts de la main gauche sur le club.

Laissez faire dans la descente, les poignets vont se décasser uniquement en fonction de la force centrifuge créée par le poids du club et le déplacement des bras.

La longueur de votre coup dépendra principalement de la réussite du début de la descente:
— les poignets restent armés = balle longue,
— les poignets se désarment trop tôt = balle courte.

L'EFFACEMENT DE LA HANCHE GAUCHE

Dans la zone de frappe, l'effacement de la hanche gauche

Afin de permettre aux bras et aux mains de passer librement à travers la balle, la hanche s'efface en pivotant vers la gauche.

A ce moment-là le côté droit du corps peut donner toute sa puissance en frappant la balle car il est en position pour frapper par en dessous et le long de la ligne de vol.

La frappe se fait ainsi par en dessous.

LA POUSSÉE DU GENOU DROIT

Dans la zone de frappe, la poussée du genou droit

A la moitié de la descente le genou droit entame son action.

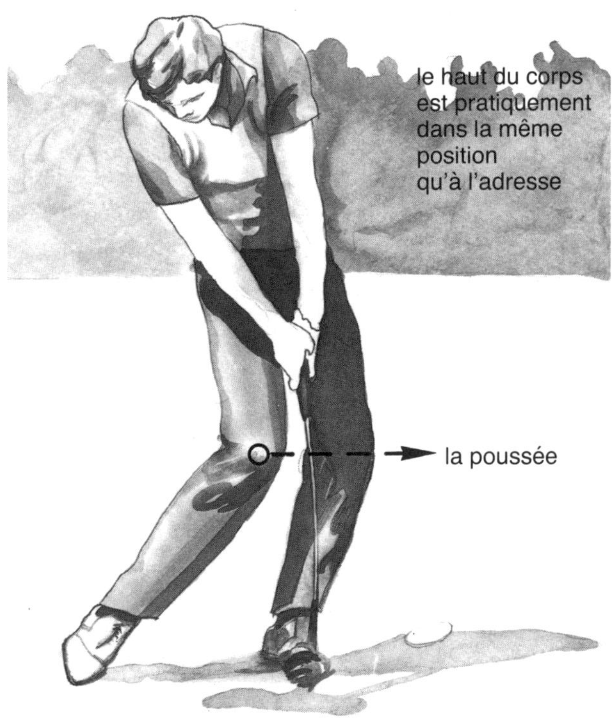

La poussée du genou droit dans la zone d'impact permet au joueur de bien traverser la balle, c'est-à-dire notamment d'avoir le poids du corps à gauche à l'impact.

Le genou droit, qui avait servi d'axe de rotation à la montée et donc travaillé de façon statique au backswing, va changer de rôle en exerçant une action dynamique dans la zone de frappe et donner ainsi de la longueur et de la puissance à votre coup.

CE QUE SIGNIFIE TRAVERSER LA BALLE

Adresse

Zone d'impact

Traverser la balle signifie que les hanches ont traversé la ligne balle-nuque, la base de la tête (la nuque) restant l'axe du swing.

Cette bonne position d'impact est directement liée à une bonne position d'adresse.

LE FOLLOW-THROUGH

La sensation de l'extension du bras droit

Les hanches sont largement tournées vers l'objectif à ce niveau pour permettre aux mains et aux bras d'être lancés sur l'objectif.

C'est à ce moment du swing que vous aurez vraiment la sensation du lancer de la balle. Les deux bras sont étendus avec un bras droit que vous sentirez peut-être encore plus que le gauche; car, ne l'oubliez pas, c'est le côté droit de votre corps qui frappe la balle, le côté gauche, lui, ne fait que diriger, que canaliser la puissance de votre côté droit.

LE FINISH

C'est une libération et la conséquence logique du lancer

Les poignets vont se réarmer au cours du finish en réaction au fait qu'ils se sont désarmés dans la descente.

La tête va pivoter progressivement autour de son axe afin que vous puissiez suivre du regard votre balle en vol et ne pas ainsi bloquer le lancer.

Ce finish dépend d'une action libre des jambes à la descente et d'une tête qui reste bien stable derrière la balle.

LE RYTHME

Un - et - deux

C'est le rythme qui va faire l'unité de votre mouvement. Il va permettre de bien se faire enchaîner les différentes parties du corps afin que vous puissiez swinguer en équilibre.

Un: couvre les trois quarts de la montée. Il doit être prononcé lentement.
Et: couvre la fin de la montée et le début de la descente. Il doit être prononcé très lentement.
Deux: couvre la zone de frappe, la traversée et le finish. Il doit être prononcé rapidement.

Évitez toute précipitation et tout geste saccadé pendant l'exécution de votre swing.

CÔTÉ GAUCHE - CÔTÉ DROIT

La puissance est à droite, le contrôle est à gauche

Le golf est un sport de lancer. Quand on est droitier on lance naturellement de la droite vers la gauche. Dans un swing de golf c'est la même chose ; on va donc essayer de canaliser la puissance du côté droit par le contrôle du côté gauche du corps. Étant droitier, on pourrait jouer dans l'autre sens, on jouerait certainement droit mais on manquerait beaucoup de longueur. Puissance et précision, voilà deux mots clés du golf. On n'a pas le choix : quand on est droitier, il faut jouer de la droite vers la gauche ; quand on est gaucher, il faut jouer de la gauche vers la droite.

La main et le bras gauches vont jouer le rôle de locomotive.

La main et le bras droits vont jouer le rôle de wagons et peser de tout leur poids.

Si les wagons dépassent la locomotive, c'est un accident et un très mauvais coup au golf.

LES POIGNETS

Gardez le même rapport entre le dos de la main gauche et l'avant-bras gauche pendant le swing

Adresse

Sommet du backswing

Le même rapport existe à l'adresse entre le dos de la main gauche et l'avant-bras gauche. Pourtant, les poignets sont armés au maximum.

Avant l'impact

Impact

Cette stabilité de votre poignet gauche par rapport à votre avant-bras gauche est largement contrôlée par les trois derniers doigts de la main gauche.

LE SWING DANS SON ENSEMBLE 1

La montée, la descente, l'enchaînement (ou timing)

JACOBS : « Le jeu de golf est un jeu de réactions en chaîne. »

Le swing de golf est un mouvement dynamique, ne décomposez pas votre swing.

Ce sont les mains et les bras qui swinguent, au golf. Dans la montée ils entraînent d'abord en rotation le haut du corps qui, lui, petit à petit va entraîner en rotation le bas du corps, lequel va résister par l'intermédiaire des jambes et des appuis à la tension du haut du corps.
Un effet ressort est ainsi créé.

La descente se fera par action réflexe, le bas du corps, à la manière d'un ressort qui se détend, va par son action entraîner le haut du corps et notamment les bras et les mains vers l'intérieur, puis le long de la ligne de vol.

Ainsi, sans que ce soit vraiment conscient, ce sont les jambes qui lancent les bras dans la descente, si l'enchaînement de la montée a été bon.

De la même manière, grâce à une bonne position d'adresse, le poids du corps dans la descente est transféré de l'intérieur du pied droit vers le pied gauche. Il y a un transfert de poids pendant le swing, mais il se fait naturellement (ne pas chercher à le provoquer).

Recherchez l'équilibre

Il est nécessaire, pour pouvoir répéter un geste, qu'il soit effectué en équilibre du début à la fin.
— Équilibre statique de la position de départ.
— Équilibre dynamique pendant l'exécution du mouvement.

Pour y parvenir :
- Stabilité de la tête.
- Des épaules décontractées qui suivent le mouvement libre des bras.
- Un bon rythme pour une bonne coordination.

LA PRÉPARATION DE VOTRE COUP

La routine de placement

Le swing de golf commence au moment où vous sortez un club de votre sac pour jouer un coup. Un bon joueur, dès cet instant, répétera toujours les mêmes gestes pour arriver à se placer devant la balle et être prêt à exécuter son swing.
Cette routine de placement l'aidera à conditionner son corps et son esprit pour le coup de golf qu'il va avoir à jouer.

EXEMPLE :

1. Après avoir pris votre club dans votre sac vous vous placez quelques mètres derrière votre balle pour visualiser la trajectoire souhaitée.
   Par la même occasion, vous prenez un point de repère, à environ un mètre de votre balle sur la ligne de jeu, qui vous servira par la suite à placer votre face de club sur l'objectif.
   Pendant que vous faites cela vous pouvez très bien être en train de placer votre main gauche sur le manche.

2. En marchant vers votre balle, sans quitter votre point de repère intermédiaire des yeux, soulevez votre club et placez votre main droite sur le manche.

3. Pieds joints, placez votre face de club derrière la balle et orientez-la vers l'objectif en vous servant de votre point de repère (voir le chapitre «La visée»).

4. Écartez vos pieds correctement suivant le coup que vous avez à jouer.

5. Bougez toujours un peu pour bien sentir votre position d'adresse (il ne faut jamais rester immobile devant une balle de golf), en regardant l'objectif une ou deux fois.

6. Le swing va pouvoir démarrer.

JUSTE AVANT LE DÉBUT DU SWING

La gâchette

Vous êtes prêt à commencer votre swing. La gâchette est un petit mouvement d'une partie du corps qui vous permettra de débuter votre backswing.

Ainsi devant la balle vous ne serez jamais resté immobile plus de une ou deux secondes. Certes, le fait que la balle de golf – contrairement au tennis – soit immobile est un avantage parce qu'on a le temps de se placer, mais cela peut être un inconvénient car le joueur risque de se « bloquer » sur elle en restant immobile trop longtemps ; ses muscles vont alors se durcir et il a du mal à commencer le swing.

Voici les trois gâchettes les plus fréquemment employées par les bons joueurs.

1. Tourner la tête en la faisant pivoter autour de la nuque (regarder ainsi la balle plutôt avec l'œil gauche).
2. Avancer légèrement le genou droit en direction de l'objectif.
3. Avancer légèrement les mains vers l'objectif.

Maintenant tout est en place, le joueur peut commencer son swing.

LES APPROCHES DU GREEN 1

Le coup roulé, le chip, le pitch, l'explosion dans le bunker

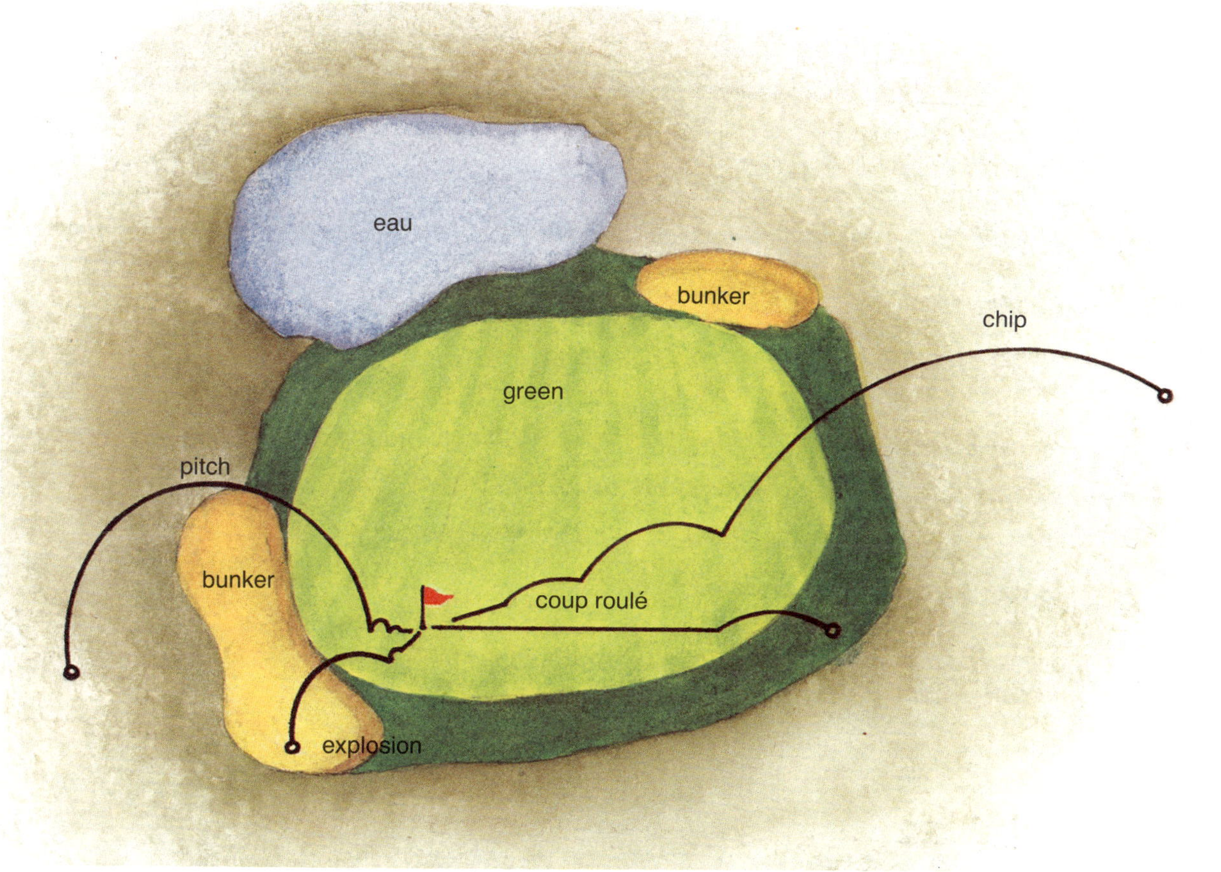

LE COUP ROULÉ

Se joue sur l'avant-green. La balle s'élève un tout petit peu dans sa phase initiale pour rouler ensuite sur le green. De cette manière, on fait sauter à la balle la partie d'avant-green où le gazon est beaucoup plus irrégulier que sur le green.
Le club le plus fréquemment employé est le fer n° 7.

LE CHIP

Cette approche se fait quand aucun obstacle ne s'interpose entre vous et le drapeau ou que la portion de green située entre votre balle et le drapeau est relativement importante par rapport à la distance totale. C'est l'ouverture de la face du club qui détermine, lorsqu'on frappe la balle, la trajectoire et la hauteur de vol.
Le club le plus fréquemment employé est le fer n° 9.

LE PITCH

Vous exécutez cette approche lorsqu'un obstacle se trouve placé entre votre balle et le drapeau ou que la portion de green qui se situe entre vous et le drapeau est faible par rapport à la distance à parcourir.
Vous cherchez à donner intentionnellement une trajectoire haute à la balle pour que sur le green elle roule très peu.
Le club le plus souvent utilisé est le pitching-wedge ou même le sand-wedge.

L'EXPLOSION DANS LE SABLE

Si vous vous trouvez dans un bunker proche du green, assez profond, avec une butte importante à sauter, c'est la solution idéale. La balle va s'élever très vite dans l'air et très peu rouler.
Le club utilisé est le sand-wedge.

En conclusion, au sujet de ces quatre coups particuliers, on peut dire que la **trajectoire de votre balle va suivre la forme de votre swing.**

Ce swing d'approche, avec une tête de club qui s'éloigne beaucoup du sol à la montée et au finish, produit une trajectoire haute.

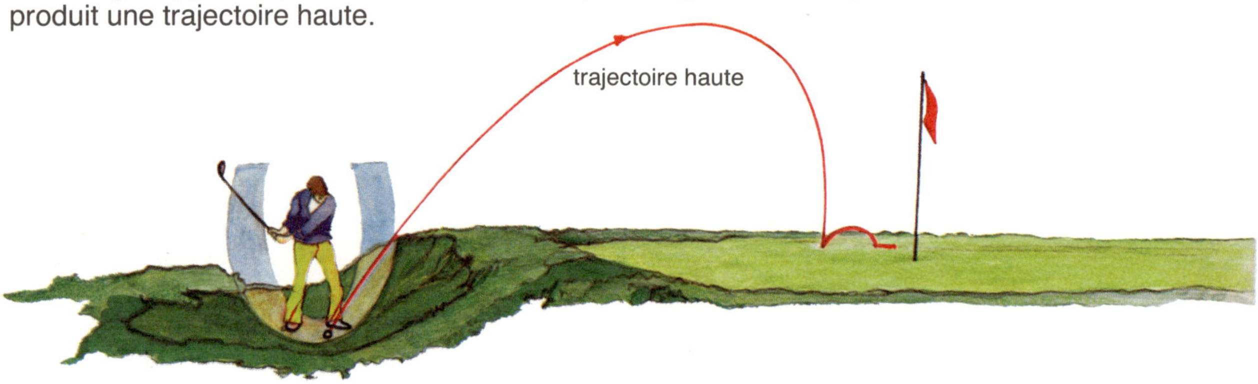

Ce swing d'approche, avec une tête de club qui s'éloigne peu du sol à la montée et au finish, produit une trajectoire basse.

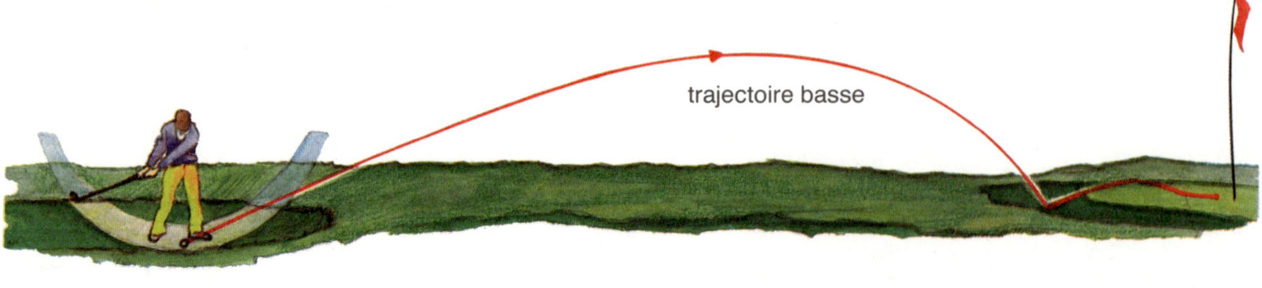

LES APPROCHES 1

Les principes de base

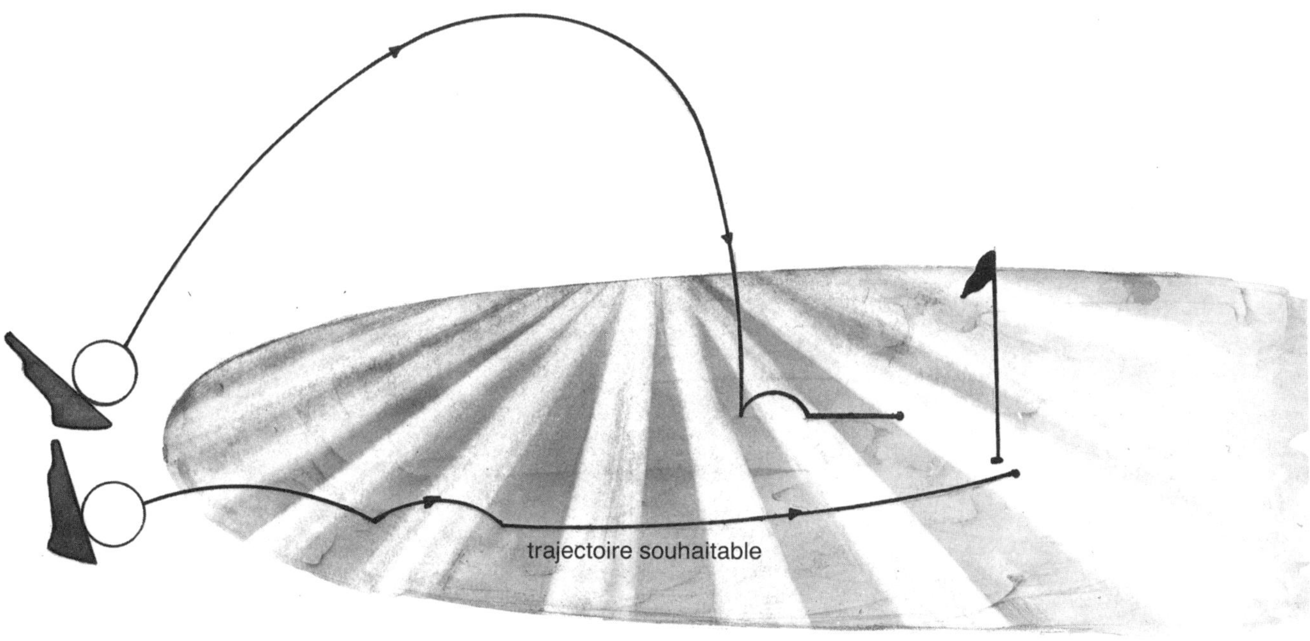

Dans la mesure du possible, essayez que la balle vole un minimum et roule un maximum, vous serez ainsi plus précis. Par conséquent, choisissez le club le moins ouvert possible compte tenu du terrain.

LES APPROCHES 2

Les principes de base

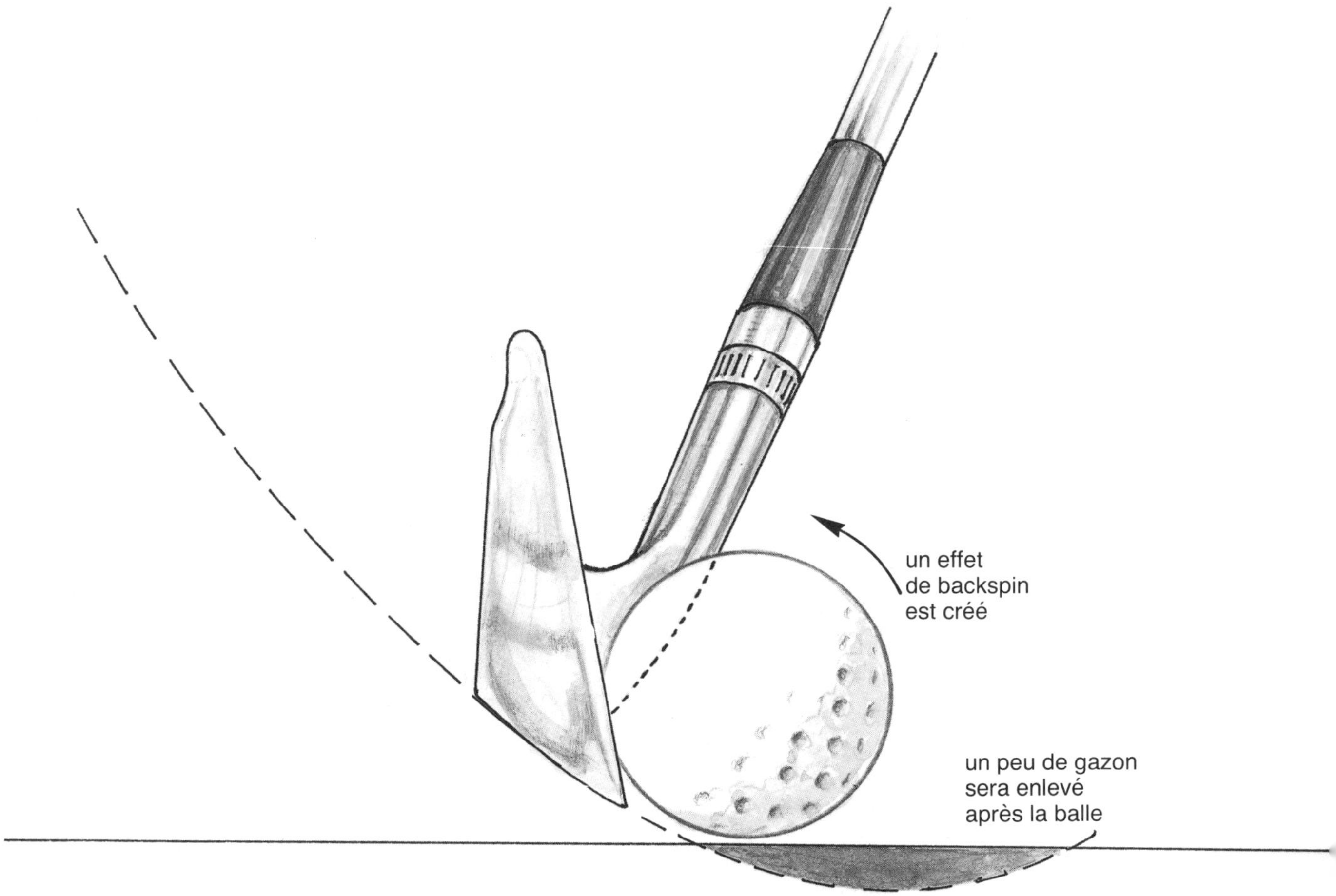

- La balle doit être frappée en descendant.

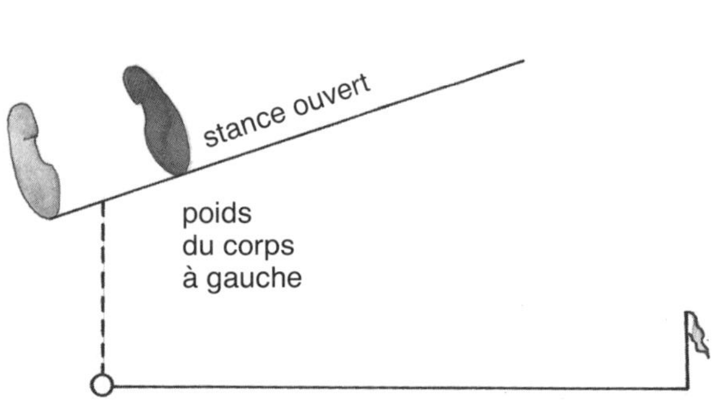

- Appliquez votre poids à gauche à l'adresse, en le gardant à gauche pendant l'exécution de l'approche: cela favorise la frappe descendante.

- Jouez avec un stance ouvert et les pieds pas trop écartés, cela favorise la sortie des bras.

LES APPROCHES 3

Les principes de base

- Suivant la position de la balle par rapport aux pieds, elle va plus ou moins monter.

- Jouez de préférence toujours avec vos mains en avant de la balle, pour diminuer les risques de frapper le sol avant la balle.

Les principes de base

- Quand on casse les poignets à la montée, la balle va monter.

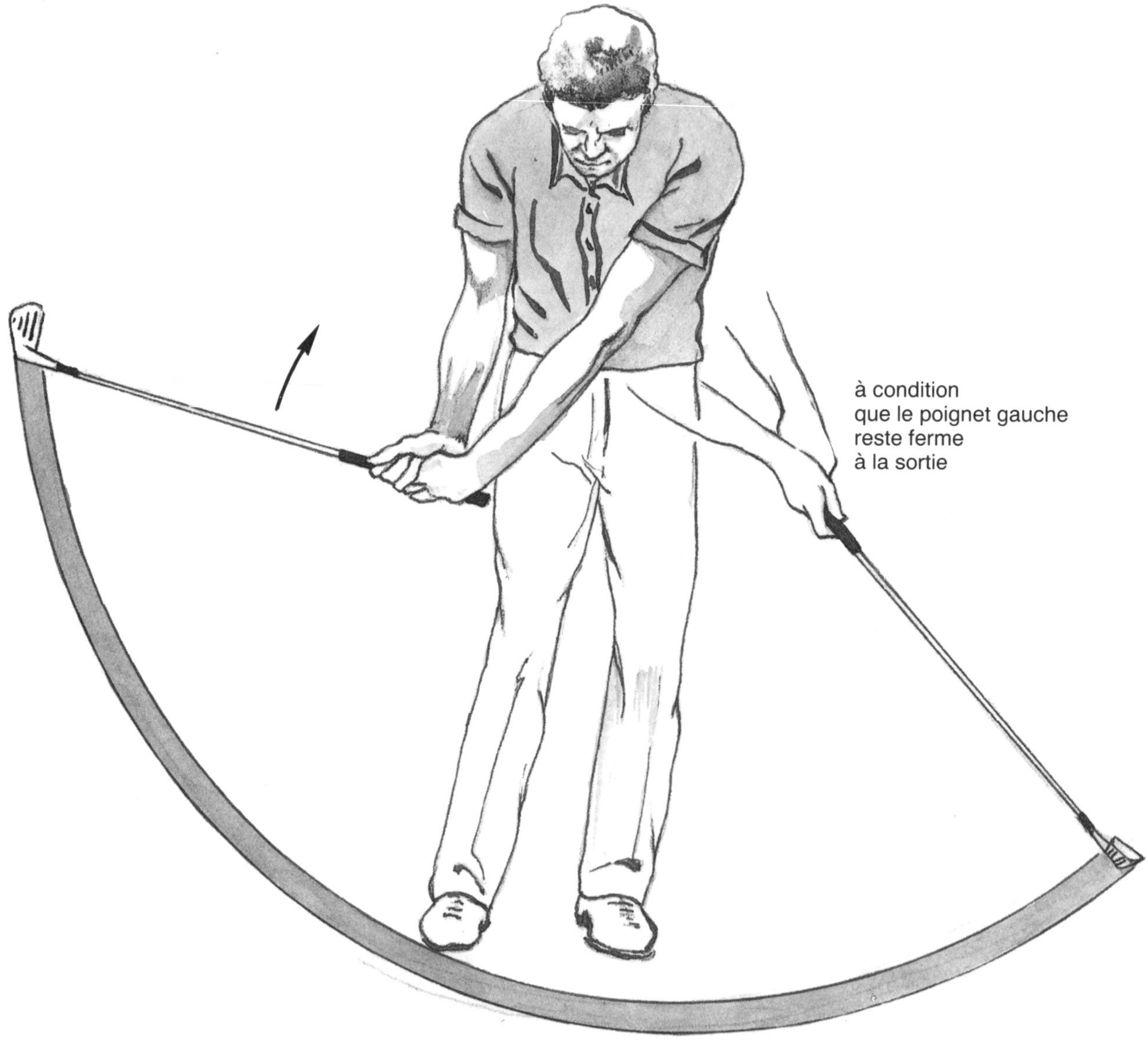

- Vous aurez un meilleur contact avec la balle si vous descendez un peu vos mains sur le manche et si vous vous tenez un peu plus près de la balle.

LE COUP ROULÉ (première technique) 1

La balle monte peu et parcourt une longue distance sur le green

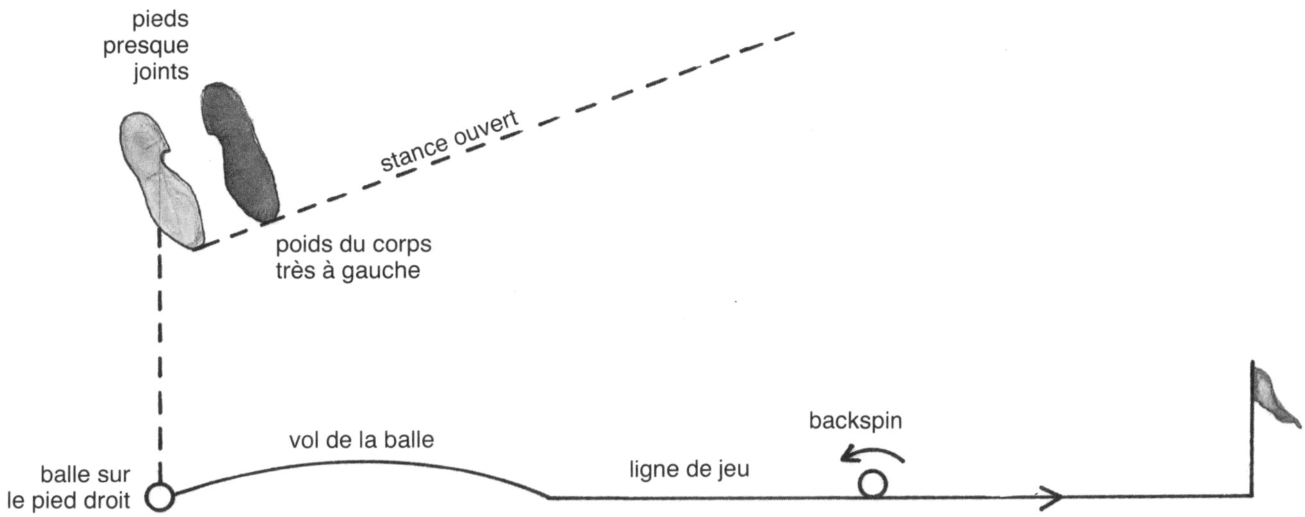

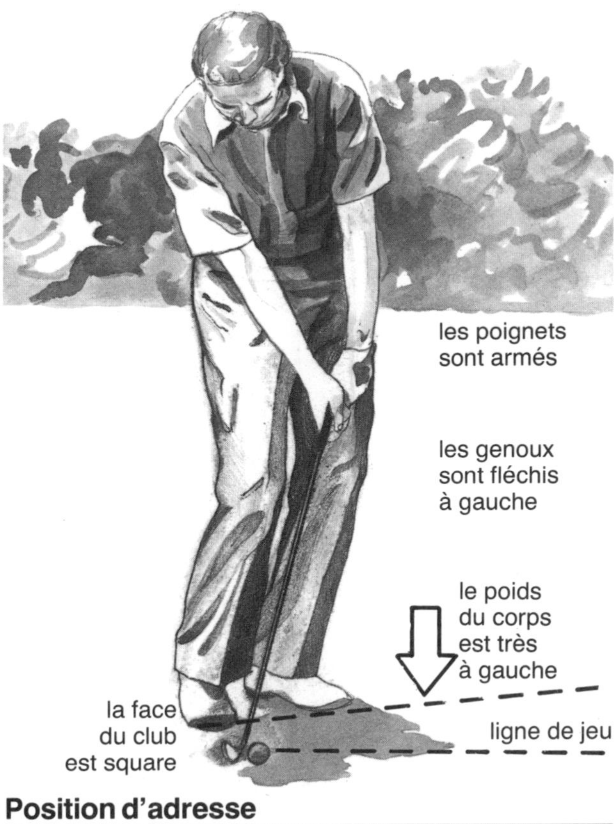

Position d'adresse

Le club le plus souvent utilisé est le fer n° 7.

Pour un meilleur contrôle de la frappe de balle, le manche est pris plus court que la normale.

A l'adresse, les mains sont bien en avant de la balle.

Bien que le stance soit ouvert, les épaules sont parallèles à la ligne de jeu.

L'amplitude du geste sera plus ou moins importante suivant la distance à parcourir.

LE COUP ROULÉ (première technique) 2

Un effet de backspin sera créé

Fin de la montée

Fin de la sortie

Il faut mouvoir essentiellement les mains et les bras pendant l'exécution du coup, les poignets restant fermes, les jambes ne bougent pas.

L'impact doit être franc et ferme, d'où une sortie plus courte que la montée. Ainsi attaquée, la balle aura beaucoup de backspin puisque la frappe est descendante.

LE COUP ROULÉ (deuxième technique) 1

Technique du putting

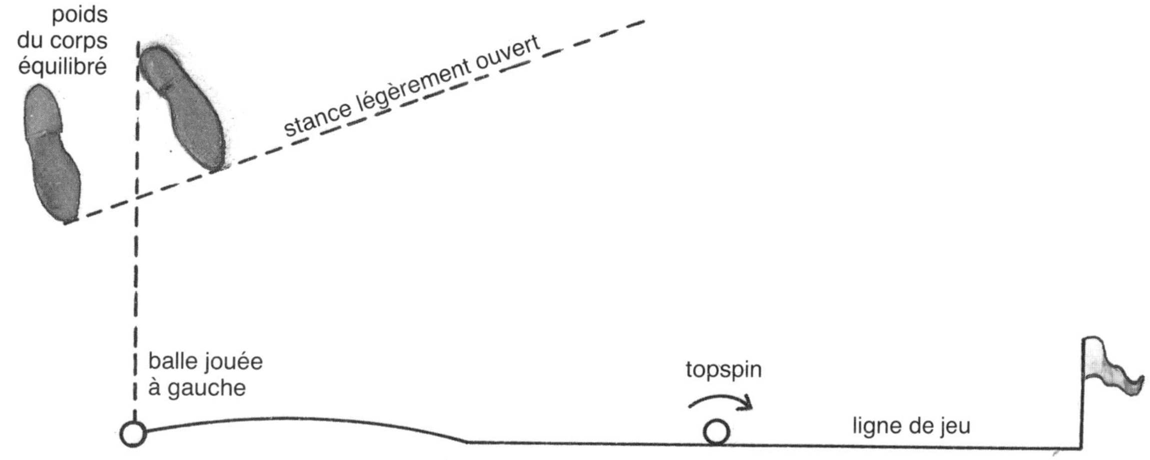

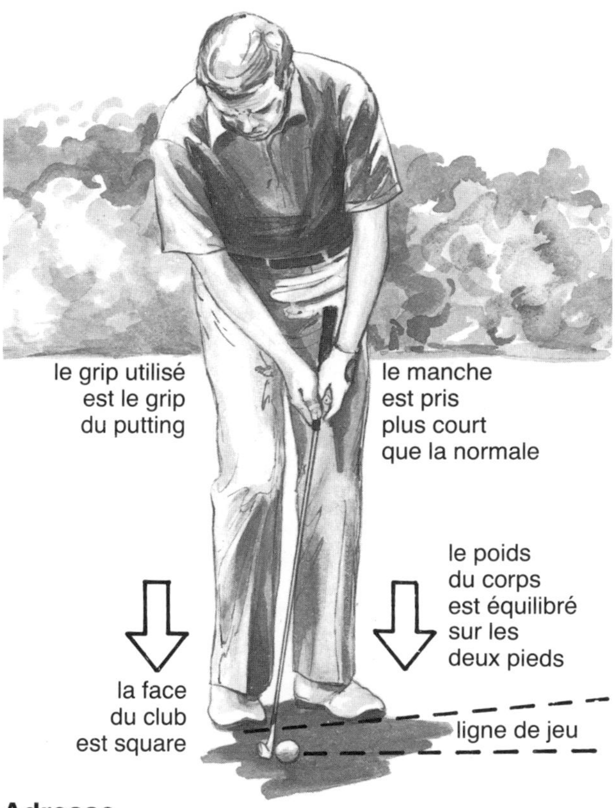

Adresse

L'amplitude du geste sera bien sûr plus ou moins importante suivant la distance à parcourir.

LE COUP ROULÉ (deuxième technique) 2

Un effet de topspin sera créé

Fin de la montée

Les jambes ne bougent pas.
C'est un mouvement de balancier des mains et des bras.

Fin de la sortie

C'est le mouvement du putting, c'est-à-dire un balancier de bras, avec une sortie un peu plus longue que la montée et donc une tête de club qui est en train de remonter quand elle frappe la balle : un effet de topspin est ainsi créé.

LE CHIP 1

Approche levée, classique

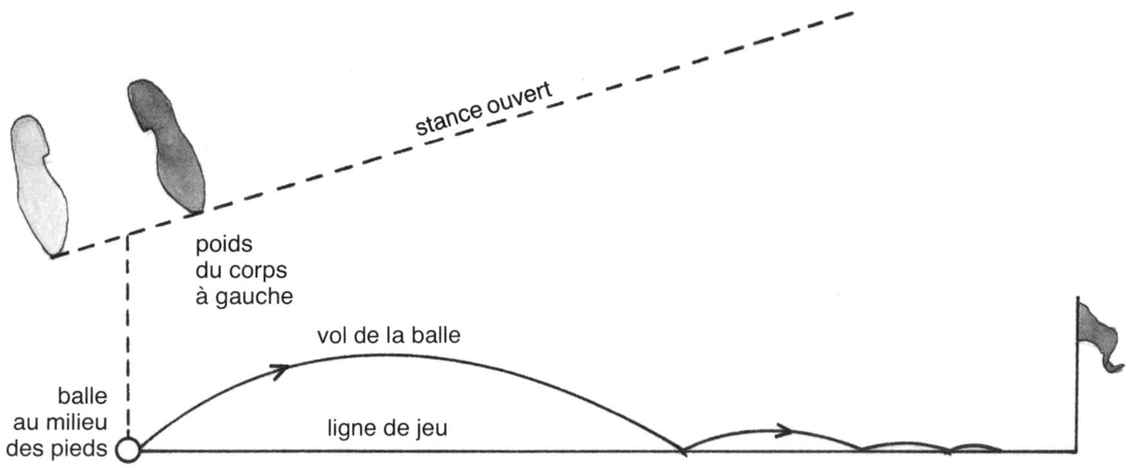

Adresse

Le manche est pris un peu plus court que la normale.

L'amplitude du geste est fonction de la distance à parcourir.

Dans le chip, peu d'action de poignets

Fin de la montée

Fin de la sortie

LE PITCH 1

Approche très levée

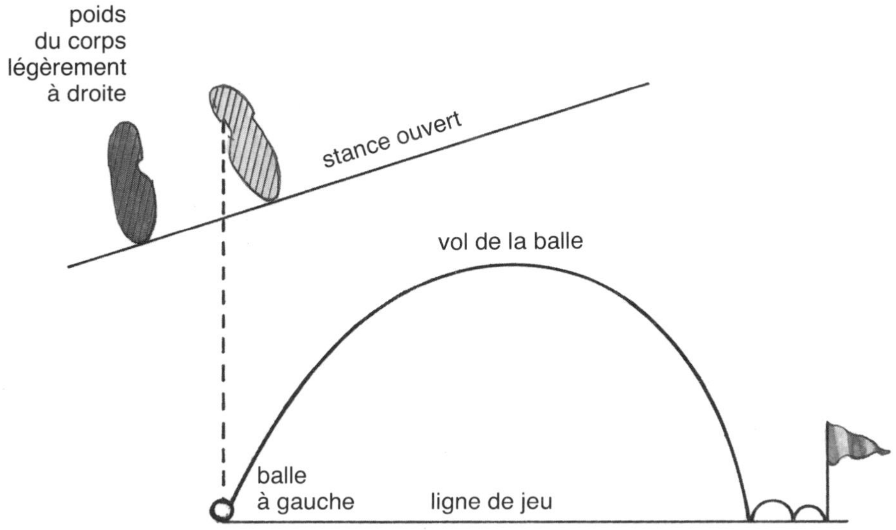

Adresse

La pression des mains est légère sur le club.
L'amplitude du geste est fonction de la distance à parcourir.

Dans le pitch, les poignets interviennent

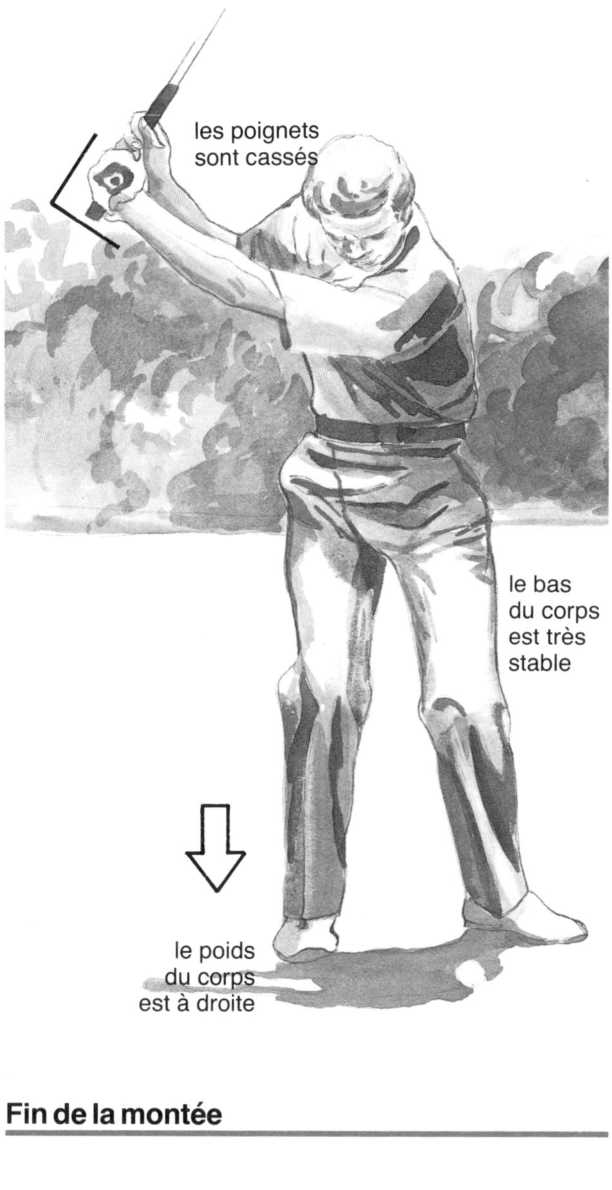

Fin de la montée

Les poignets sont cassés prématurément et délibérément dans la montée. La pression des mains est légère sur la canne.

Fin de la sortie

On utilise géréralement le pitching-wegde ou le sand-wedge.

L'explosion

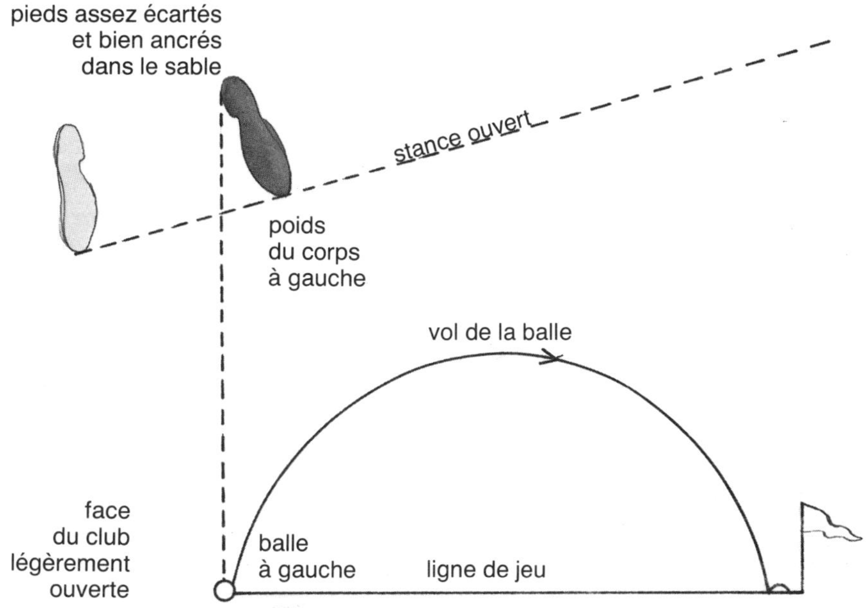

pieds assez écartés
et bien ancrés
dans le sable
stance ouvert
poids
du corps
à gauche
vol de la balle
face
du club
légèrement
ouverte
balle
à gauche
ligne de jeu

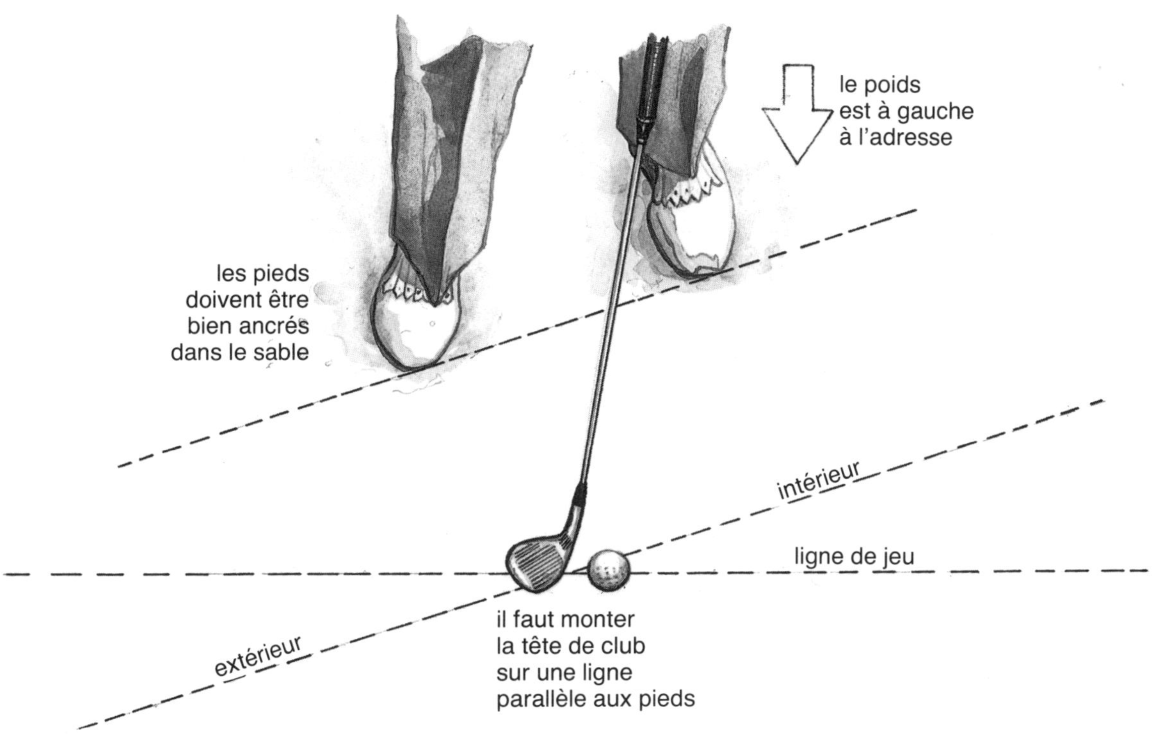

le poids
est à gauche
à l'adresse
les pieds
doivent être
bien ancrés
dans le sable
intérieur
ligne de jeu
extérieur
il faut monter
la tête de club
sur une ligne
parallèle aux pieds

L'explosion

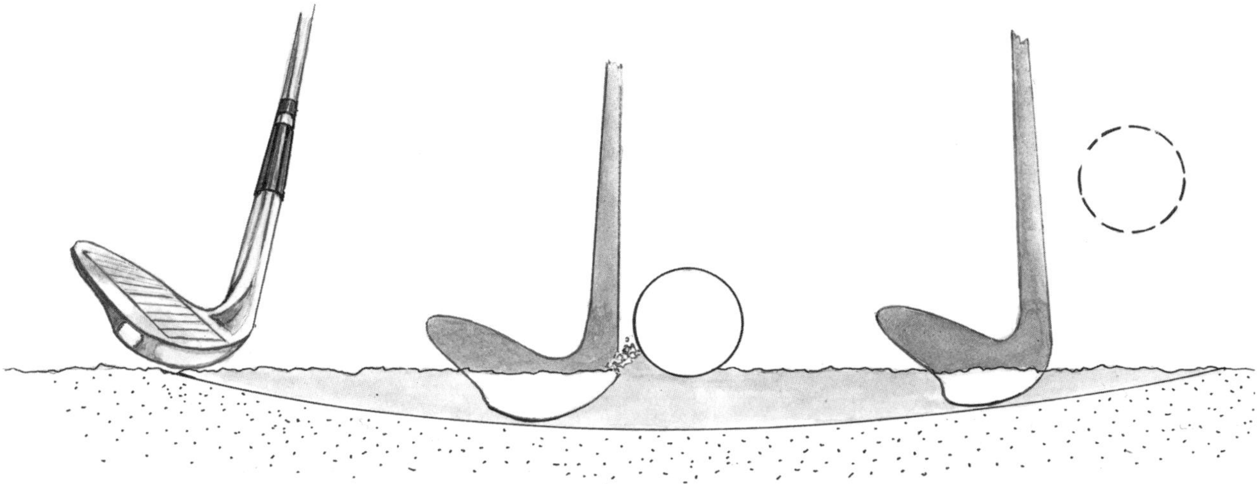

Quand on fait une explosion dans un bunker, on tape la balle par l'intermédiaire du sable.
Ceci est facilité par le fait que l'on joue avec un club ouvert et d'autre part que la semelle du club qu'on utilise (le sand-wedge) est épaisse ; les deux choses vont faire que le club va rebondir dans le sable sous la balle.
De cette manière, on fait donc exploser le sable sous la balle.

Pendant l'exécution du mouvement on va chercher à « couper » la balle. Pour y parvenir :
– Le club est ouvert à l'adresse,
– Le trajet du club dans le sable doit couper la ligne de jeu de l'extérieur vers l'intérieur.

LE BUNKER 3

L'explosion

Le manche doit être pris plus court.
Les épaules sont ouvertes par rapport à la ligne de jeu.

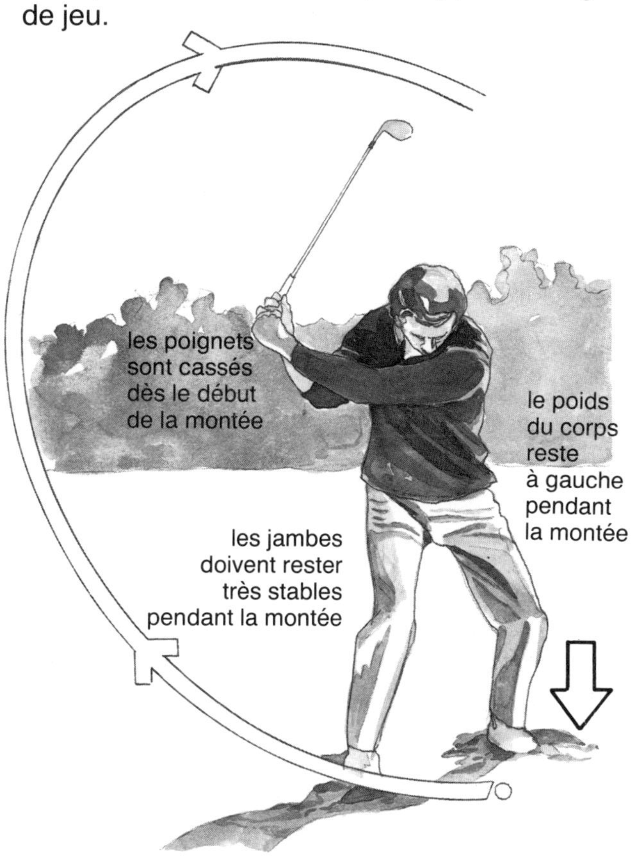

Le poids du corps s'est transféré encore plus à gauche pendant la descente.

Il faut bien tenir sa main gauche à l'impact ainsi que son poignet gauche pour que la face du club puisse glisser dans le sable sous la balle.

L'explosion

Après l'impact

Finissez les mains hautes (au-dessus de la butte du bunker).

Pendant l'explosion il faut absolument éviter que la main droite soit trop active, car cela gâcherait tout.

L'amplitude du geste est fonction de la distance à parcourir.

Le club utilisé est le sand-wedge.

LE PUTTING 1

Paumes de mains parallèles à la face du putter

Le putting est certainement le plus individuel des aspects du golf.
Une chose est certaine : la lame du putter doit être perpendiculaire à la ligne de jeu au moment de l'impact et en accélération douce.
Voyons maintenant les quelques lois qui permettent d'y parvenir, lois qu'on retrouve chez tous les joueurs qui « puttent » bien.

LE GRIP

Les mains doivent être disposées sur le manche de manière qu'elles soient parallèles à la face du putter.

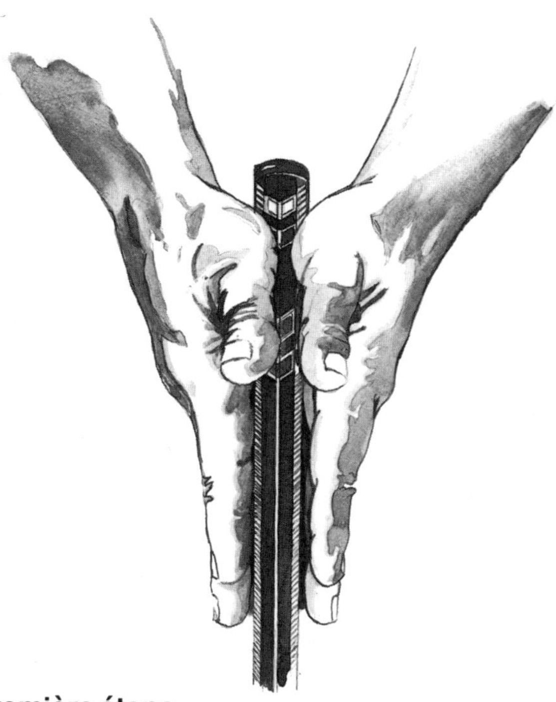

Première étape

Deuxième étape

Le grip le plus souvent employé est le ***Reverse-Overlap.***
Tous les doigts de la main droite sont sur le manche et l'index gauche recouvre les trois premiers doigts de la main droite.
Les deux pouces sont sur le dessus du manche.

LE PUTTING 2

Adoptez une bonne position confortable

Adoptez de préférence une position des mains légère sur la canne afin de mieux sentir votre putter. Une trop grande pression réduit la vitesse du coup et sa sensibilité. En tout cas, la pression des mains sur le manche doit être plus légère qu'avec n'importe quel club de votre sac.

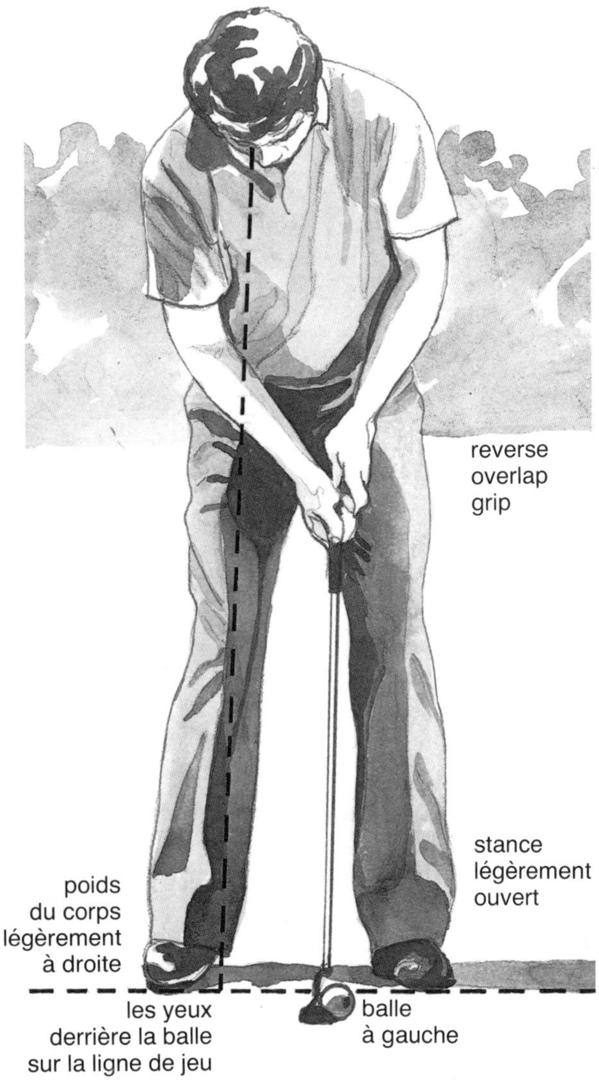

LE STANCE ET LA POSITION

Prenez une position confortable avec les coudes fléchis près du corps.
Jouez votre balle à gauche, pratiquement au talon de votre pied gauche.
Mettez vos yeux sur la ligne de jeu, mais derrière la balle.

Adoptez un stance square voire légèrement ouvert, vous verrez mieux ainsi la ligne de jeu. Avec cette position, le poids de votre corps sera un peu plus à droite à l'adresse.

Voici la position que l'on rencontre le plus souvent chez les meilleurs putters actuels.

Frappez la balle en remontant pour lui donner du topspin

LE COUP

Pour que le contact du putter avec la balle soit bon, il faut que vous la tapiez au centre de gravité de votre putter.
La position que l'on a vue est une position qui favorise une frappe de balle où la lame du putter remonte quand elle frappe.
L'avantage est qu'on va donner du topspin à la balle, c'est-à-dire qu'elle roulera beaucoup. Par conséquent, la montée sera courte et la sortie plus longue.
A la montée, la lame du putter s'écartera peu du sol; par contre, à la sortie, il faut laisser la lame remonter naturellement.
On aura également une frappe franche et en douce accélération.

Montée courte

Sortie plus longue

Pendant l'exécution du coup vos mains travaillent ensemble, sans changer leur pression sur le manche et sans mouvement perceptible de poignets.
La tête et le corps doivent rester parfaitement immobiles pendant le mouvement, seuls sont mobiles les bras et les épaules.

Quelques conseils encore

● Gardez votre tête immobile pendant le coup et même aussi après :
« Écoutez la balle tomber dans le trou. »

● Quand vous puttez, ayez toujours en tête l'image du trou, et quand vous êtes en compétition ne pensez surtout pas à la mécanique du coup.

● N'oubliez pas, comme pour tous les coups de golf, votre routine de placement au putting au cours de laquelle vous pratiquez un ou deux mouvements d'essais qui seront une « répétition générale » de votre coup.

LES DRILLS

Présentation

Les ***drills*** sont des exercices qui permettent de développer votre habileté à jouer au golf, et donc de continuer à vous faire progresser.

Ils vous offrent plusieurs avantages.

- S'ils sont adaptés à votre cas ils suppriment rapidement les mauvaises habitudes prises dans votre swing.
- Ils offrent la possibilité de trouver les bons mouvements du swing.
- Ils permettent de construire un bon swing avec davantage de sensations musculaires.
- Si vous les pratiquez régulièrement ils maintiennent les bonnes habitudes une fois que vous les avez acquises et gardent vos muscles en forme.

Il faut les inclure dans vos séances d'entraînement. Vous ferez des progrès plus rapidement et surtout vous sentirez mieux votre swing.
Vous pouvez les faire avec n'importe quel club de votre sac.

Voici, dans les pages suivantes, quelques-uns de mes drills préférés.

LES DRILLS
DRILL CONCERNANT L'ALIGNEMENT

Posez un club au sol pour vous aider à viser

Le golf est un sport d'alignement. En plaçant ainsi un club au sol vous évitez les erreurs d'alignement au practice car vous savez constamment où vous visez.

Vous orienterez plus facilement votre face de club perpendiculairement à la ligne de jeu et votre corps (pieds, hanches, épaules) parallèlement à celle-ci.

Il est très facile de faire des erreurs de visée sur le parcours, qu'au moins au practice vous n'en commettiez pas.

LES DRILLS
DRILL CONCERNANT LE RYTHME

Ne posez pas le club au sol à l'adresse

Quand vous adressez la balle, ne posez pas le club au sol.

Utilisez juste ce qu'il faut de pression au niveau de votre grip pour tenir votre tête de club au-dessus du sol.

Ce drill vous donnera le feeling d'une pression des mains légère sur le manche du club à l'adresse, ce qui entraînera un take-away beaucoup plus doux et beaucoup plus lent.

LES DRILLS
DRILL CONCERNANT LE BRAS GAUCHE

Swinguez uniquement avec le bras gauche

Cet exercice vous permet de développer le contrôle de la main et du bras gauches pendant le swing. Il vous aidera également à renforcer les muscles de votre côté gauche.

Vous pouvez très bien le faire sur de petits swings et amplifier au fur et à mesure.

Sur les approches il vous aide à améliorer les « chips ».

LES DRILLS
DRILL CONCERNANT LE CÔTÉ GAUCHE

Jouez les mains superposées

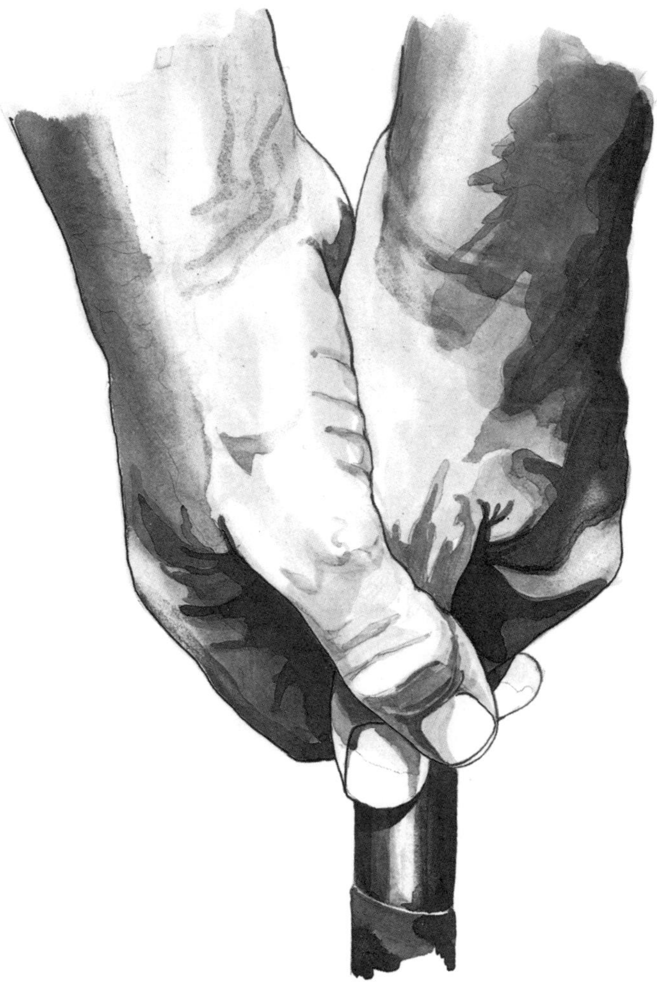

Avec les mains superposées (la main droite sur la main gauche) vous augmenterez le contrôle de votre côté gauche.
Vous pouvez l'expérimenter d'abord sur les petits coups.

Ce drill vous permettra de sentir que ce sont la main et le bras gauches qui contrôlent le swing du début à la fin. D'autre part, il vous aidera à muscler un peu votre côté gauche.

LES DRILLS
DRILL CONCERNANT LE BRAS DROIT

Swinguez uniquement avec le bras droit

En swinguant uniquement avec la main et le bras droits vous sentirez que dans un swing de golf c'est la main droite qui frappe la balle.

Vous développerez une meilleure action de votre poignet droit, notamment juste après l'impact où il se réarme immédiatement.
C'est pour cette raison que ce drill vous aidera à améliorer vos «pitchs» dans votre système d'approche.

LES DRILLS
DRILL CONCERNANT LE GRIP

L'index et le pouce droits sont sur le dessus du manche

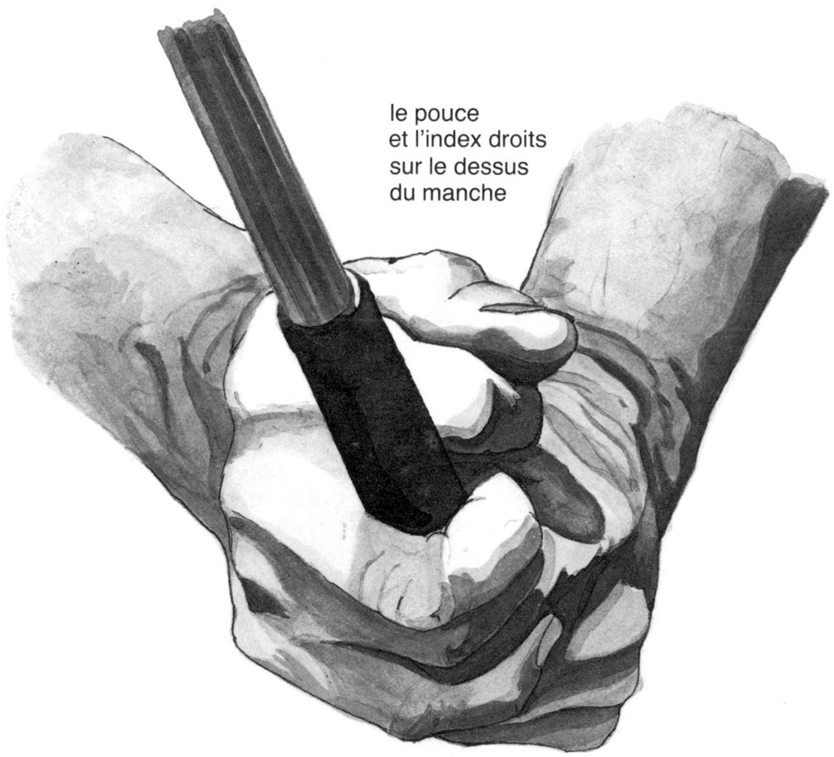

Cet exercice permet d'éliminer la pression que l'on peut avoir dans le pouce et l'index droits au moment du changement de direction au sommet du swing.
Ainsi, d'une certaine manière, on renforce l'action de la main et du bras gauches dans le début de la descente.

Ce drill vous aidera à avoir un changement de direction du club plus lent entre la montée et la descente et améliorera donc votre rythme.
Par la même occasion, il vous permettra de ne pas décasser vos poignets au début de la descente, et donc de taper plus loin la balle.

DRILL CONCERNANT LA MOBILITÉ DES ÉPAULES

Apprendre à tourner

Prenez la position de golf sans club et en laissant tomber les bras le long de votre corps. Puis, sans bouger les pieds, tournez vos épaules et vos hanches en regardant par exemple un arbre derrière vous ; faites-le d'abord en regardant au-dessus de l'épaule droite, puis au-dessus de l'épaule gauche. Faites-le plusieurs fois.

Vous comprendrez alors ce qu'est la rotation du corps dans votre swing quand vos bras et vos mains swinguent.

LES DRILLS
DRILL CONCERNANT L'ÉQUILIBRE

Jouez les pieds joints

En jouant ainsi vous sentirez que vos bras swinguent et que votre corps suit. D'ailleurs, si votre corps intervient trop dans le mouvement, vous perdez l'équilibre.

Vous sentirez que le swing de golf, c'est avant tout une montée des bras avec une rotation du corps, puis un lancer des bras avec une autre rotation du corps.

Sommet du backswing

Finish

Ce drill vous permettra également, et cela se conçoit aisément, d'exécuter un swing en meilleur équilibre.

JACOBS : « Votre but au golf doit être d'effacer votre côté droit à la montée puis votre côté gauche à la descente, afin que, au moment de l'impact, les bras puissent faire traverser le club librement et le long de la ligne de jeu. »

LES DRILLS
DRILL CONCERNANT LES BRAS

Pointe du club vers le ciel au début de la montée et pointe du club vers le ciel au follow-through

Vous cherchez à faire un tiers de swing (les mains ne dépassant pas le niveau des hanches) en swinguant uniquement avec vos bras, les épaules très mobiles et les bras très décontractés.
Les poignets n'ont pas encore à intervenir sur ce mini-swing.
En faisant ce petit swing, cherchez à ce que la pointe de votre club soit vers le ciel à la montée et à la sortie.

Cet exercice vous apprend à frapper correctement une balle de golf en sentant que ce sont les mains et les bras qui swinguent au golf.

Les balles n'iront pas loin (une vingtaine de mètres) mais vous serez surpris par leur rectitude et leur précision.

LES DRILLS
DRILL CONCERNANT LES MAINS

Exercice du tee pour le passage des mains

Vous plantez un tee dans l'extrémité de votre manche (utilisez par exemple un fer 5) et swinguez en faisant un demi-swing.
Finissez votre backswing avec le tee pointant sur la balle et finissez votre follow-through avec le tee pointant à l'endroit où se trouvait la balle.

Ce drill vous apprend à vous servir de vos poignets en ayant la sensation de la bonne rotation de la face du club pendant le swing, c'est-à-dire l'impression que la face du club s'ouvre à la montée, est square à l'impact et se ferme au follow-through.
Il vous apprend aussi à passer l'avant-bras droit sur l'avant-bras gauche à la sortie, après l'impact.

Vous apprendrez ainsi à frapper avec plus d'autorité et vous serez surpris par la distance parcourue par la balle avec un demi-swing.

LES DRILLS
DRILLS CONCERNANT LES APPUIS

Tapez des balles sur une jambe
(la jambe gauche ou la jambe droite)

- *La jambe droite*

Cet exercice sur la jambe droite est excellent pour les longs fers et les bois.

En tapant des balles en appui sur la jambe droite (la jambe gauche levée) cela vous aide à sentir qu'il faut rester derrière la balle avec le haut du corps sur les longs coups. D'autre part, cela vous donne le feeling que c'est la jambe droite qui supporte le swing à la montée et que le poids du corps est sur le pied droit.

- *La jambe gauche*

Même exercice que précédemment mais cette fois avec appui sur la jambe gauche (la jambe droite levée). Pour vous faire sentir que le poids du corps doit être à gauche à l'impact.

Cet exercice sur la jambe gauche est excellent pour les petits fers et les approches.

DRILL CONCERNANT LE FOLLOW-THROUGH

Commencez le swing par le finish

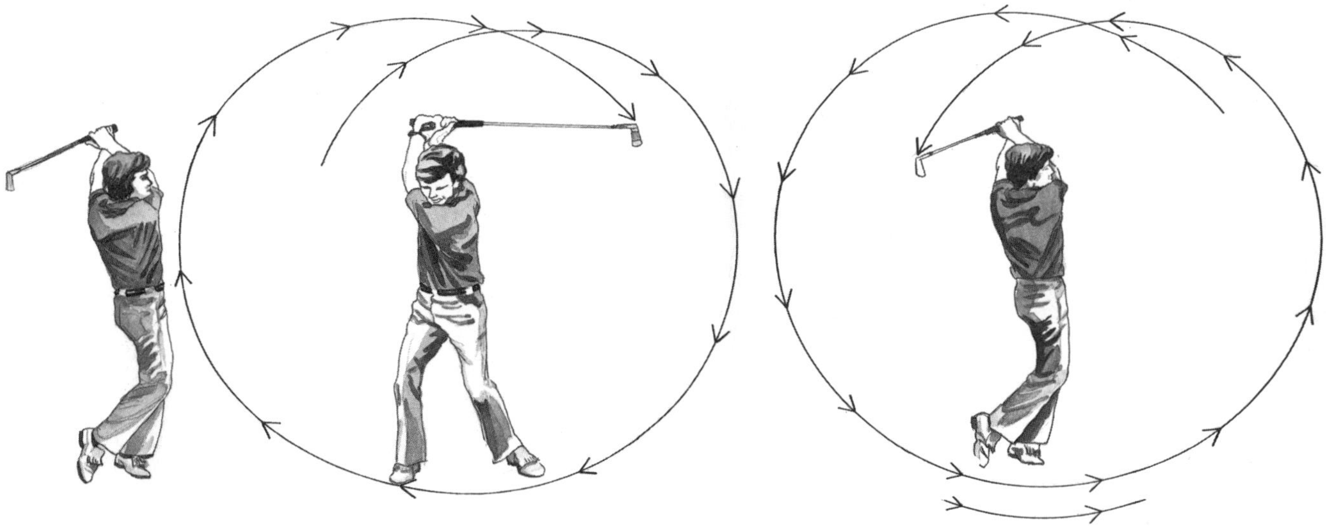

Vous prenez un club et vous finissez votre swing.
Puis, à la fin du mouvement, vous revenez en arrière en swinguant jusqu'au sommet du backswing et ainsi de suite.

D'abord essayez l'exercice sans balle, puis petit à petit vous pouvez essayer de taper des balles.

Ce drill vous aide à créer un swing où il y a une bonne liberté de mouvement, notamment au niveau de vos bras.
Il vous aide à penser en terme de follow-through comme étant la fin du swing et non pas qu'à la balle.

LES DRILLS
DRILL CONCERNANT LE SWING

Swinguez vos mains et vos bras sans club

Cet exercice a pour but de vous faire sentir que ce sont vos mains et vos bras qui swinguent et que votre corps suit.

Sentez bien, en les décontractant, que vos épaules tournent parce qu'elles sont entraînées par vos bras et non l'inverse.

Ce drill vous permettra de sentir également qu'à la descente les jambes lancent les bras.

LES DRILLS
DRILL CONCERNANT LA MONTÉE

Swinguez sur une pente montante

En swinguant sur une pente montante le pied droit est plus bas que le pied gauche et à ce moment-là le poids du corps se porte naturellement davantage sur le côté droit.

Cela permet de sentir qu'au backswing le poids du corps est supporté en grande partie par la jambe droite, et d'autre part d'avoir davantage la sensation du haut du corps derrière la balle au sommet de la montée.

Dans la descente vous sentirez que vous avez besoin d'accélération avec votre côté gauche pour attaquer la balle. Tant mieux, n'oubliez pas que le côté gauche au golf est le côté directeur.

DRILL CONCERNANT LA DESCENTE

Reculez votre pied droit vers l'arrière pendant la descente

Prenez votre adresse normale devant la balle puis, dans la descente, reculez votre pied droit vers l'arrière.

Ce drill permet à votre épaule droite d'entamer correctement le début de la descente et à vos épaules de dominer la descente au lieu de suivre l'action de vos bras.
Vous apprendrez ainsi à frapper par en dessous et le long de la ligne de vol avec votre épaule droite.

Ce drill est excellent pour corriger une crise de sockets.

LES DRILLS
DRILL CONCERNANT L'IMPACT

Le pré-impact

Nous avons vu que l'adresse préfigurait l'impact.

Adressez la balle avec votre fer 5 puis préfigurez votre impact avec les jambes vers l'objectif, le poids du corps à gauche, les hanches déjà en partie tournées vers l'objectif et les épaules parallèles à la ligne du jeu.

Swinguez vos bras en montant aussi loin que vous pouvez sans modifier la position d'impact que vous avez et frappez votre balle en finissant votre swing.

Ce drill vous permet de sentir votre position d'impact et de sentir également ce que « traverser » la balle veut dire.

DRILL CONCERNANT LA TÊTE

Tapez des balles les yeux fermés

Ce drill est fait pour vous montrer que vous n'avez pas besoin de voir la balle pour la frapper dès l'instant où vous respectez les principes fondamentaux du mouvement.

Il vous évite aussi de trop vous polariser sur la balle et vous aide à développer un bon rythme.

Vous verrez que vous taperez de jolis coups à condition de ne pas chercher volontairement à taper la balle (la balle n'est qu'un accident sur la trajectoire de la tête du club).

Vous pouvez aussi bien faire ce drill au putting.

LES DRILLS
DRILL CONCERNANT LE TIMING

Variez la vitesse de votre swing avec un club donné

Vous prenez un fer 5 et vous faites un plein swing en cherchant à envoyer la balle à 100 mètres. Ensuite, toujours avec un plein swing, vous augmentez la vitesse de votre swing en essayant d'envoyer la balle à 130 mètres.
Finalement vous swinguez avec la vitesse normale de votre swing en envoyant la balle à 160 mètres (ou ce qui est votre distance maximale avec votre fer 5).

Ce drill est excellent pour apprendre à contrôler la vitesse de votre swing en fonction de la distance que vous avez à parcourir. D'autre part vous sentirez que vous êtes plus précis quand vous swinguez à une vitesse inférieure à votre vitesse maximale.

Cet exercice vous aide aussi à bien enchaîner votre swing en vous faisant sentir qu'aucune partie du corps ne travaille de façon forcée par rapport à une autre. Il vous fait donc travailler votre timing.

LES DRILLS
DRILL CONCERNANT LES APPROCHES

Lancers de balles avec la main droite

Vous lancez des balles à la main à différentes hauteurs en direction d'un drapeau et vous regardez chaque balle voler et rouler.
Cela vous aide à visualiser quelles trajectoires sont les plus efficaces pour différentes distances et cela donne au corps le feeling de l'amplitude du geste pour une distance donnée.

LES DRILLS
DRILL CONCERNANT LE PUTTING 1

Le putter attaché à l'avant-bras gauche

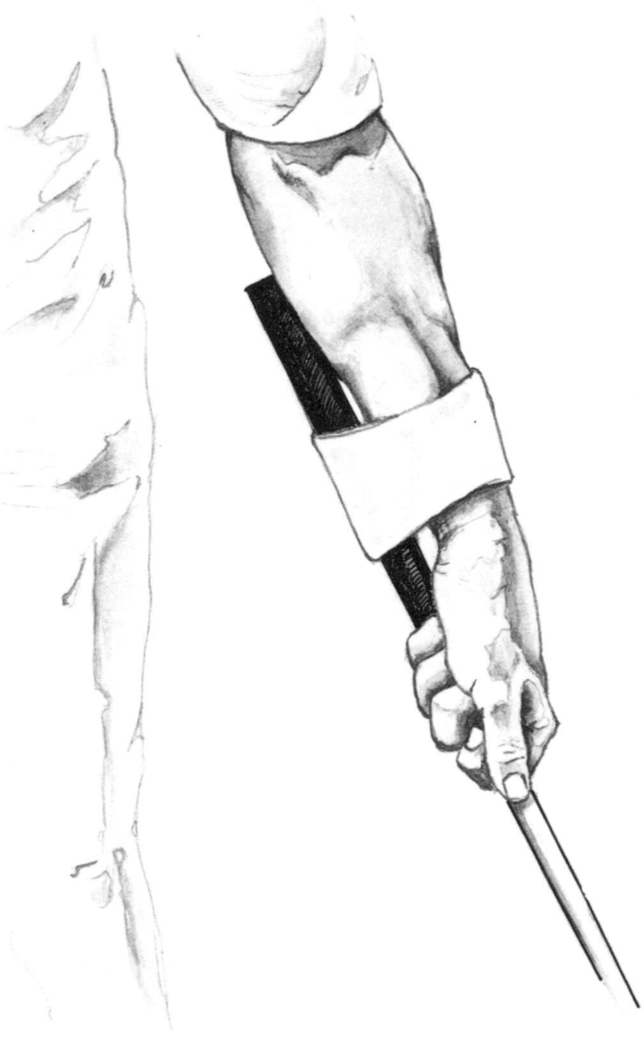

Placez votre main gauche assez basse sur le manche et attachez le grip du putter à votre avant-bras gauche par l'intermédiaire d'un bandeau de tennis pour le poignet.
Puttez en gardant sans le dissocier le manche du putter solidaire de votre avant-bras gauche.

Ce drill vous aide à développer un mouvement de putting sans action de vos poignets, mais par un balancier des bras.

DRILL CONCERNANT LE PUTTING 2

Puttez et essayez de sentir où vous envoyez vos balles

D'un endroit donné du green vous jouez plusieurs balles en direction d'un trou sans lever la tête. Mais vous allez chercher à savoir après chaque coup où vous pensez avoir envoyé la balle (exemple : balle longue à droite, etc.), puis vous vérifiez en regardant où est la balle exactement par rapport au trou.

Petit à petit vous ne ferez plus d'erreurs de jugement. Dans une dernière phase, vous allez être surpris par le nombre de putts que vous allez rentrer.

DRILL CONCERNANT LE PUTTING 3

Puttez en regardant le trou

Mettez-vous devant votre balle puis tournez la tête en regardant le trou, gardez les yeux fixés sur le trou pendant que vous frappez la balle.

Cet exercice vous apprend à vous concentrer sur le trou et non pas à vous bloquer sur la balle quand vous puttez, en oubliant le trou.
Il vous apprend aussi à traverser la balle et non pas à vous arrêter sur elle en la frappant.

LES COUPS PARTICULIERS

Le golf serait un jeu plus simple si tous les coups étaient joués à partir d'une situation plane et sans obstacles à franchir.

Pour jouer convenablement vous devez être capable :

- de jouer des coups en pente,
- de faire tourner volontairement des balles à gauche ou à droite,
- d'agir sur la hauteur de vol de votre balle,
- de sortir des bunkers,
- de sortir du rough.

Les pages qui suivent ont pour but de vous aider à analyser la situation et de vous donner à chaque fois une solution simple pour résoudre le problème qui vous est posé.

LES COUPS PARTICULIERS
LES COUPS EN PENTE

Pente montante - Balle plus haute que les pieds
Pente descendante - Balle plus basse que les pieds

Rares sont les coups de golf où l'on joue les pieds au même niveau que la balle. Quatre types de coups se rencontrent très fréquemment :

- la pente montante,
- la balle plus haute que les pieds,
- la pente descendante,
- la balle plus basse que les pieds.

Vous devez être capable de jouer dans ces quatre situations particulières sans aucun problème. Les leçons qui suivent ont pour but de vous aider à comprendre ce qui va se passer et de vous adapter à chaque situation. Notre idée maîtresse étant toujours, dans la mesure du possible, d'éviter de trafiquer votre swing, mais au contraire de jouer sur la position de départ, l'alignement du corps par rapport à l'objectif et l'orientation de la face de club.

D'autre part, en raison de la configuration non plane de la situation, votre équilibre pendant le swing sera plus difficile à maintenir. Par conséquent, il vous faudra adopter un rythme plus lent et plus coulé que d'habitude.

La phrase clé à retenir dans toutes ces situations est que « le vol de la balle a tendance à suivre la direction de la pente ».

Examinons maintenant l'une après l'autre ces quatre situations.

LES COUPS PARTICULIERS
BALLE PLUS HAUTE QUE LES PIEDS 1

La balle aura tendance à partir en pull-hook

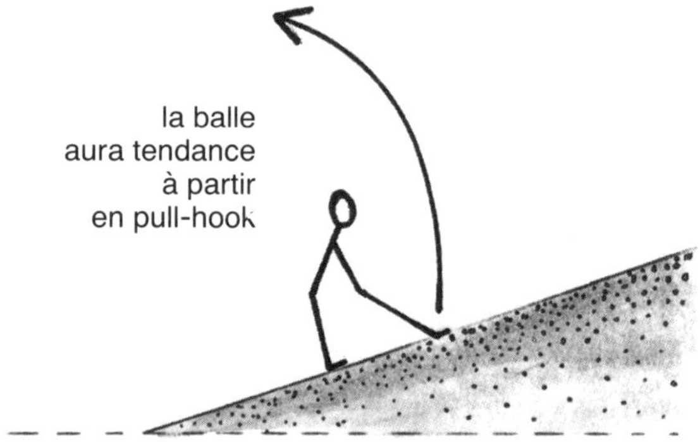

En raison de la situation:

- La balle sera jouée plus loin de votre corps.
- Les bras seront donc à l'adresse un peu plus loin que d'habitude.
- Votre posture sera plus droite qu'à l'accoutumée.
- Le poids du corps aura tendance à être sur les talons: recherchez alors l'équilibre sur le milieu des pieds.

Pour compenser un peu ces effets, la solution simple va déjà consister à prendre le club plus court que la normale afin de se rapprocher d'une situation plane.

Cela ne suffira pas pour compenser le fait que compte tenu de votre posture, votre plan de swing sera plat et la balle aura tendance à partir en pull-hook.

BALLE PLUS HAUTE QUE LES PIEDS 2

Deux solutions simples se présentent à vous

PREMIÈRE SOLUTION

Alignez-vous à droite de l'objectif (plus ou moins suivant l'importance de la pente), comme cela la balle partira en pull-hook et terminera sa course vers l'objectif.

DEUXIÈME SOLUTION

Alignez votre corps légèrement à droite de l'objectif pour contrecarrer le pull et ouvrez votre face de club pour contrecarrer le hook.

Dans les deux cas, comme vous prenez le club court sur le manche, il vous faudra choisir un club plus long (un fer 5 à la place d'un fer 6, par exemple). En raison de l'équilibre précaire, faites un swing plus lent et bien coulé.

Remarque: Si la pente est sévère, rien ne vous empêche de jouer un bois de parcours dont le lie permettra de mieux épouser la pente par rapport à un long fer (si la distance à parcourir est longue, bien sûr).

BALLE PLUS BASSE QUE LES PIEDS 1

La balle aura tendance à partir en push-slice

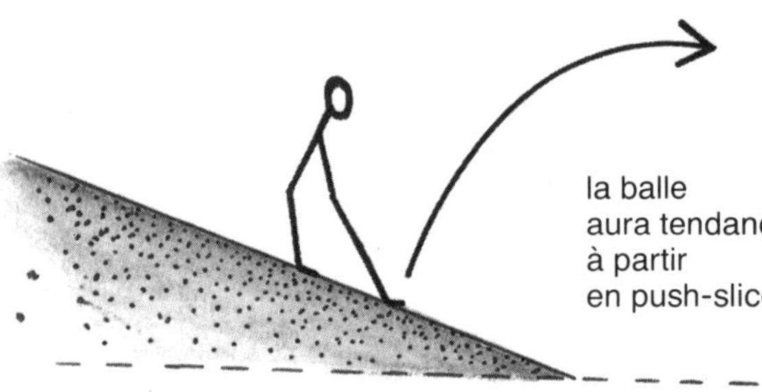

En raison de la situation :

- La balle sera jouée plus près de votre corps.
- Les bras seront donc à l'adresse un peu plus près de vous que d'habitude.
- Votre buste sera plus penché qu'à l'accoutumée.
- Le poids du corps aura tendance à être sur les doigts de pieds, recherchez alors l'équilibre sur le milieu des pieds.

Pour compenser un peu ces effets, la solution simple va déjà consister à prendre le club au bout du manche ou, mieux, prendre un club plus long mais en laissant un peu dépasser le manche.

Cela ne suffira pas pour compenser le fait que compte tenu de votre posture votre plan de swing sera plus vertical et que la balle aura tendance à partir en push-slice.

LES COUPS PARTICULIERS
BALLE PLUS BASSE QUE LES PIEDS 2

Deux solutions simples se présentent à vous

PREMIÈRE SOLUTION

Alignez-vous à gauche de l'objectif (plus ou moins suivant l'importance de la pente), comme cela la balle partira en push-slice et terminera sa course vers l'objectif.

DEUXIÈME SOLUTION

Alignez votre corps légèrement à gauche de l'objectif pour contrecarrer le push et fermez votre face de club pour contrecarrer le slice.

Dans les deux cas, comme vous prenez le club plus court sur le manche, il vous faudra choisir un club plus long (fer 4 à la place d'un fer 5, par exemple). En raison de l'équilibre précaire, faites un swing plus lent et bien coulé.

Remarque : Comme pour la balle plus haute que les pieds, si vous avez un long coup à jouer choisissez plutôt un bois de parcours qu'un long fer, car le lie du bois épousera mieux la pente.

LES COUPS PARTICULIERS
BALLE SUR UNE PENTE MONTANTE

La balle aura tendance à partir en pull, avec une trajectoire haute

En raison de la situation :

- Le poids du corps a tendance à être à droite à l'adresse, ne l'empêchez pas.
- Alignez vos épaules avec la pente.

La phrase clé à retenir pour une balle jouée sur une pente montante ou descendante est *de jouer la balle vers le pied le plus haut.*

Suivant l'importance de la pente vous jouerez donc votre balle plus ou moins vers le pied gauche.

Avec cette position, et compte tenu du fait que dans le downswing il va falloir lutter contre la pente, la balle aura tendance à partir en pull avec une trajectoire haute.

Voilà la solution :

Pour contrecarrer le pull, il suffit de vous aligner à droite de l'objectif.
Pour contrecarrer le vol haut de la balle, choisissez un club plus long que la normale (un fer 5 au lieu d'un fer 6, par exemple).

BALLE SUR UNE PENTE DESCENDANTE

La balle aura tendance à slicer avec une trajectoire basse

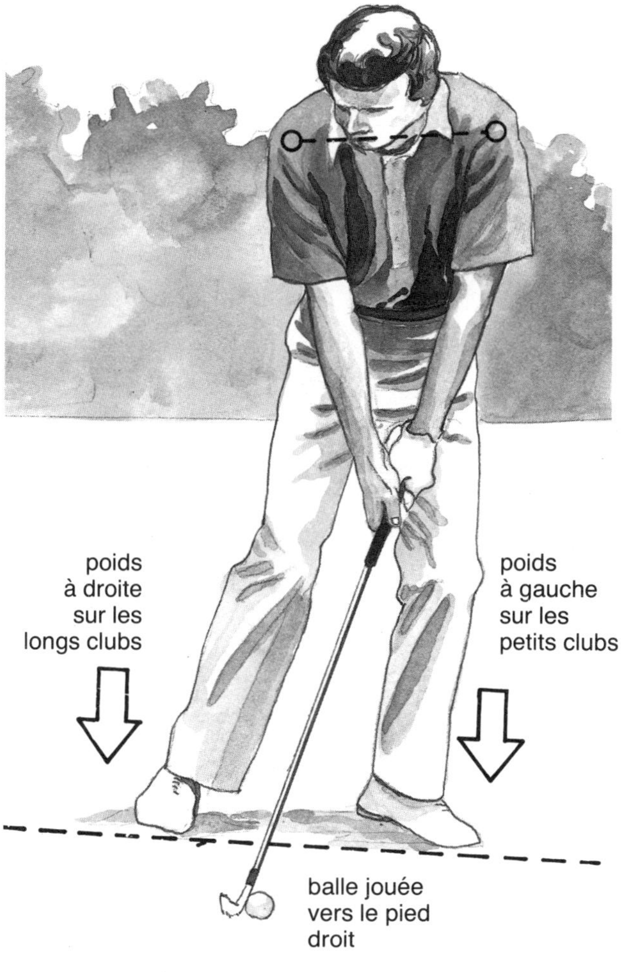

En raison de la situation:

- Le poids du corps a tendance à être à gauche à l'adresse, laissez-le peser à gauche sur les petits fers, mais placez votre poids à droite sur les longs fers et les bois.

La balle sera jouée vers le pied le plus haut, par conséquent vous jouerez votre balle vers le pied droit, plus ou moins suivant la pente.

La balle aura tendance à partir à droite avec une trajectoire basse (dans cette situation par exemple un fer 7 ira à la même distance qu'un fer 5 à plat); il faut donc se méfier en choisissant un club plus court que la normale.

Voilà la solution:

Au lieu d'essayer de contrecarrer le slice, on va le favoriser en ouvrant la face du club et en s'alignant à gauche de l'objectif. (Le fait d'ouvrir la face du club aidera la balle à se lever). Souvenez-vous: il est facile de faire une balle haute à droite, profitons-en sur ce type de coup.

BALLES AVEC EFFETS INTENTIONNELS 1

Slice et fade - Hook et draw

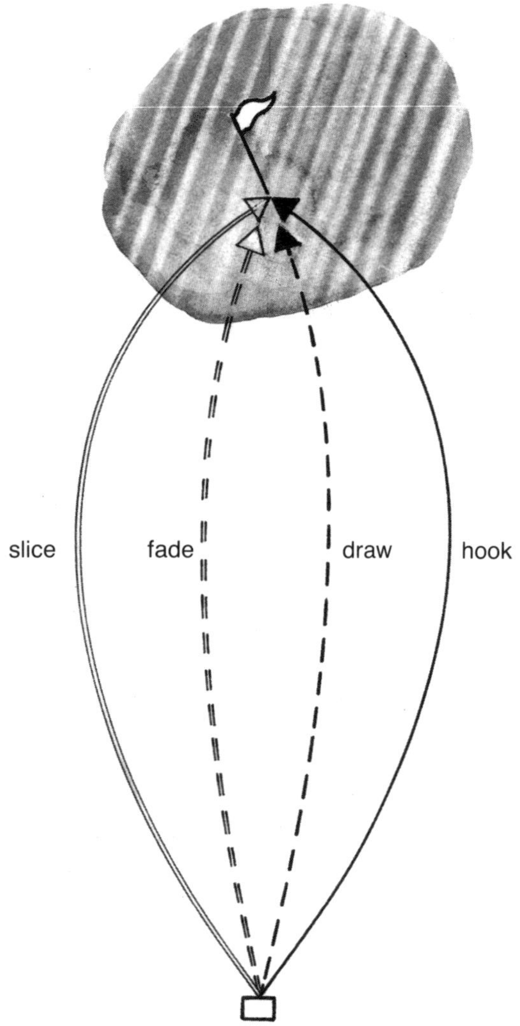

Slice: la balle a un effet important à droite.
Fade: la balle a un léger effet à droite.
Hook: la balle a un effet important à gauche.
Draw: la balle a un léger effet à gauche.

Si vous voulez intentionnellement faire un slice ou un hook, voilà la solution la plus simple.
Le principe de base étant, sur ce genre de coups particuliers, d'éviter d'agir volontairement sur son swing, mais surtout sur la position de départ, c'est-à-dire:
— L'alignement du corps par rapport à l'objectif,
— L'orientation de la face du club.

LES COUPS PARTICULIERS
BALLES AVEC EFFETS INTENTIONNELS 2

Par rapport à l'objectif on agit principalement sur le chemin de la tête du club et l'orientation de la face du club

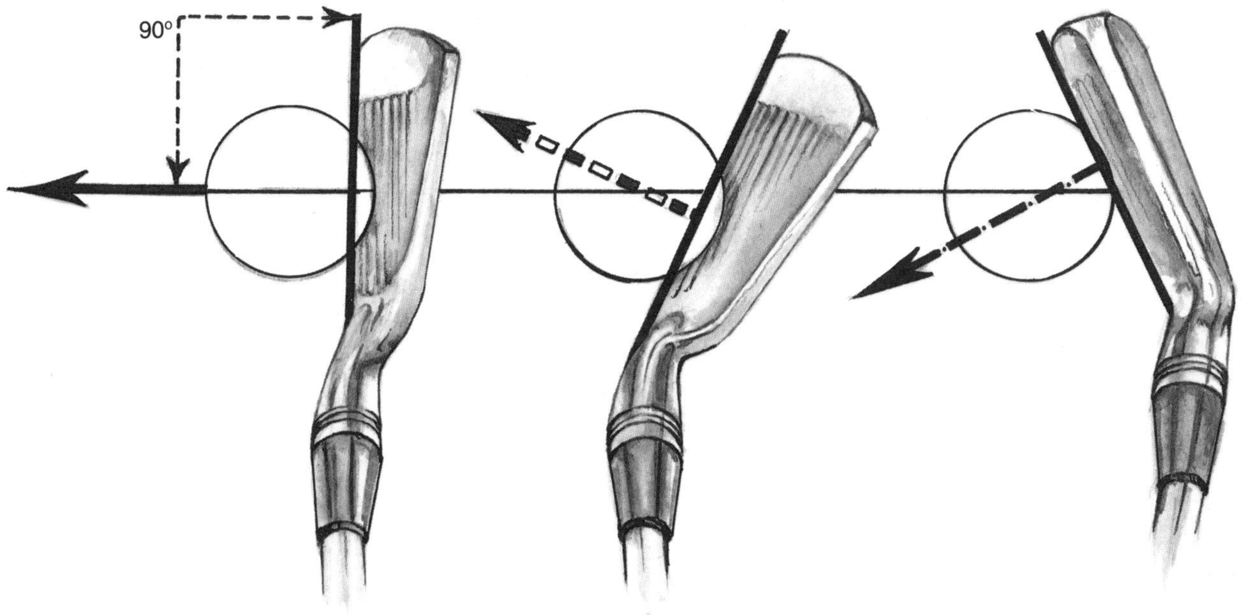

Alignez votre corps le long du chemin où vous voulez que la balle démarre son vol et alignez votre face de club à l'endroit où vous voulez que la balle finisse sa course.
— Le chemin de la tête de club donnera le départ correct du vol de la balle.
— L'ouverture de la face de club à gauche ou à droite donnera la courbure du vol de la balle.

Il est important de noter qu'en aucun cas vous ne modifiez votre grip ; vous placez toujours votre grip habituel sur le manche après avoir orienté à gauche ou à droite votre face de club.

Soulignons aussi qu'il est plus facile de donner un effet à la balle avec un club dont le loft est fermé (comme le fer 3), dont la frappe donne moins de backspin, qu'un club comme le fer 7 (où le loft est plus ouvert) qui lui en donne beaucoup. En effet, le backspin réduit les effets latéraux.

Vous ne changerez pas votre swing mais à chaque fois vous devrez avoir en tête l'image clé de ce qu'il faudra accentuer dans votre swing pour réussir l'effet désiré.

SLICE CONTRÔLÉ

Image clé : serrez un peu plus que d'habitude les trois derniers doigts de la main gauche dans la zone d'impact

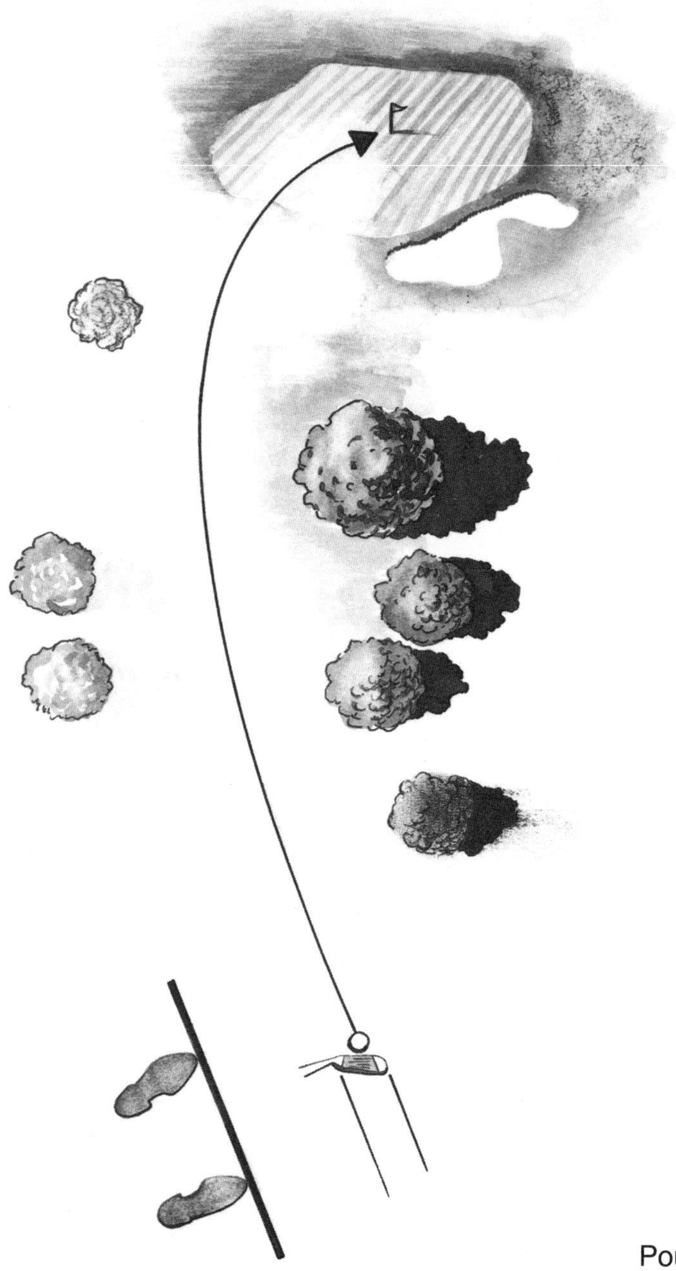

Slice contrôlé

Pour faire un slice, ouvrez votre face de club en direction de l'objectif et alignez votre corps à gauche de l'objectif.

HOOK CONTRÔLÉ

Image clé : serrez un peu moins que d'habitude la main gauche pour que la main droite roule davantage sur la gauche dans la zone d'impact

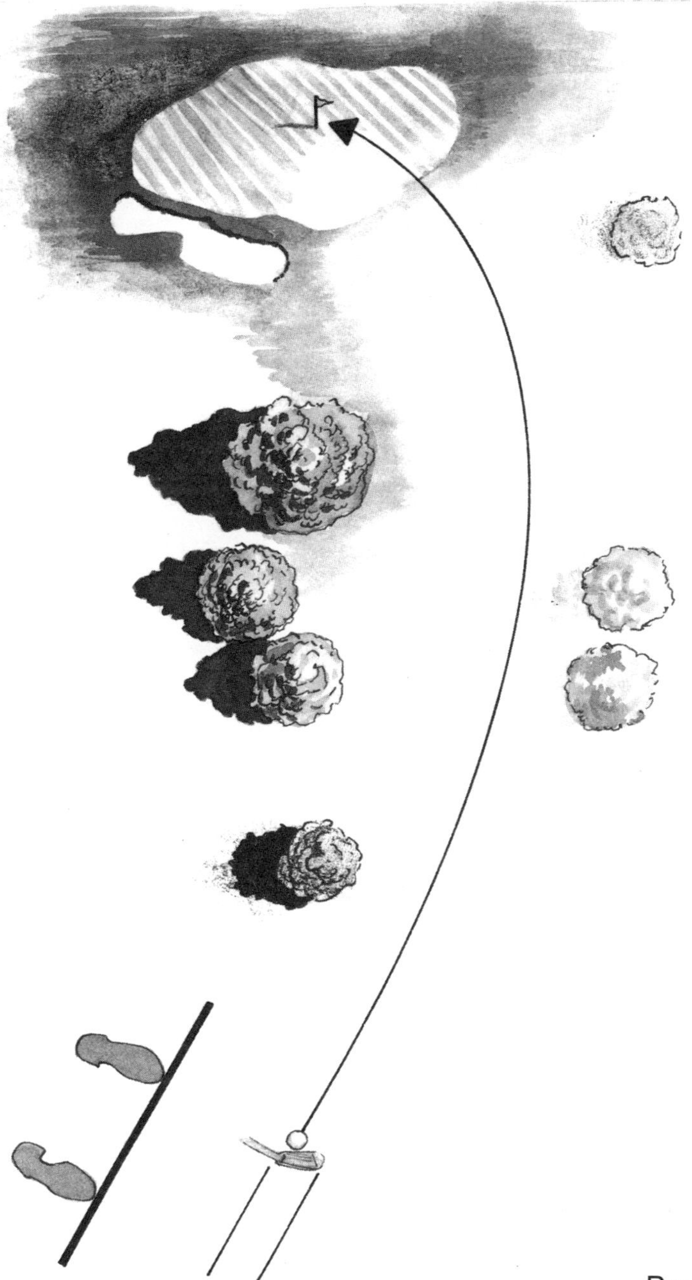

Hook contrôlé

Pour faire un hook, fermez votre face de club en direction de l'objectif et alignez votre corps à droite de l'objectif.

LES COUPS PARTICULIERS
BALLE BASSE ET BALLE HAUTE

On agit principalement sur l'angle d'attaque

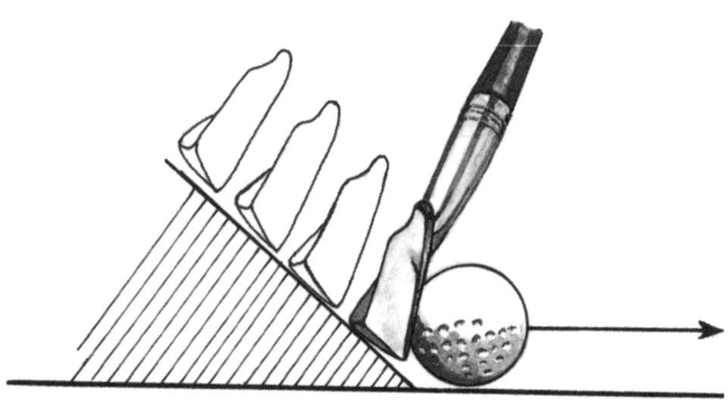

Balle basse

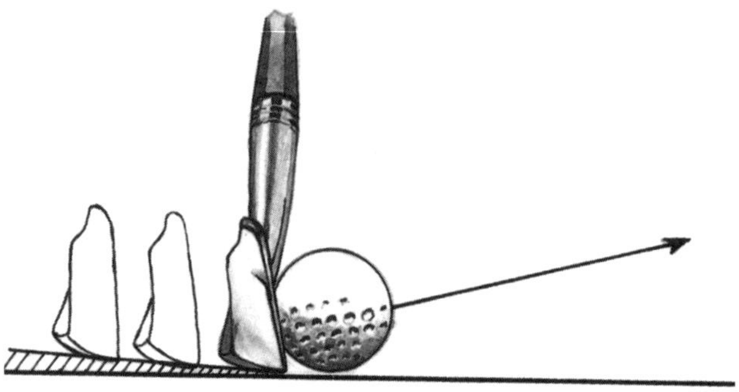

Balle normale

L'angle d'attaque est beaucoup plus descendant sur une balle basse que sur une balle à trajectoire normale.

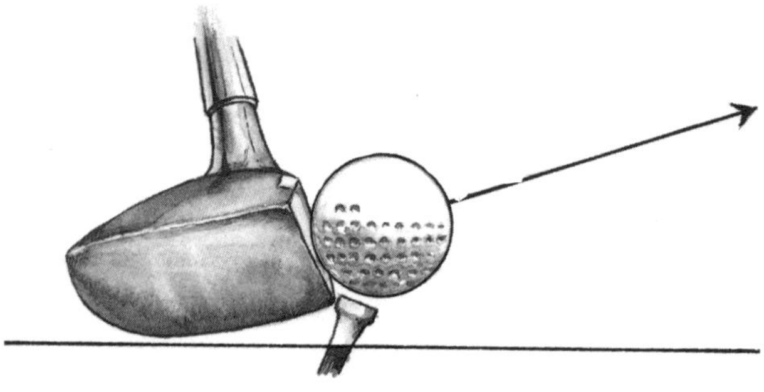

Balle haute

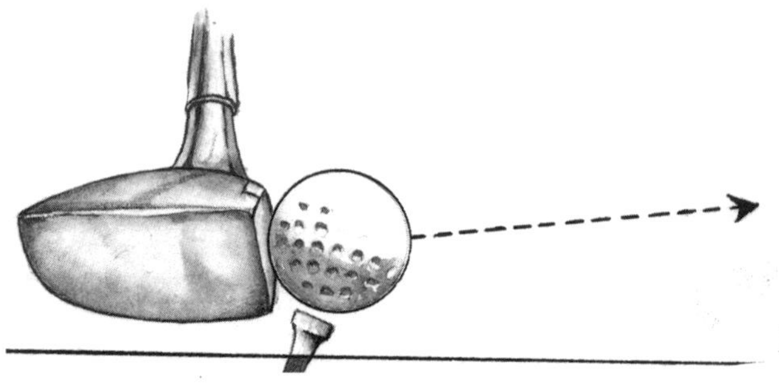

Balle normale

Sur une balle haute, la tête du club remonte quand elle frappe la balle.

BALLE BASSE

Avec un club donné, vous cherchez à obtenir une balle à trajectoire plus basse que la normale

Ce coup peut être utile quand vous jouez un objectif avec vent soufflant contre vous.

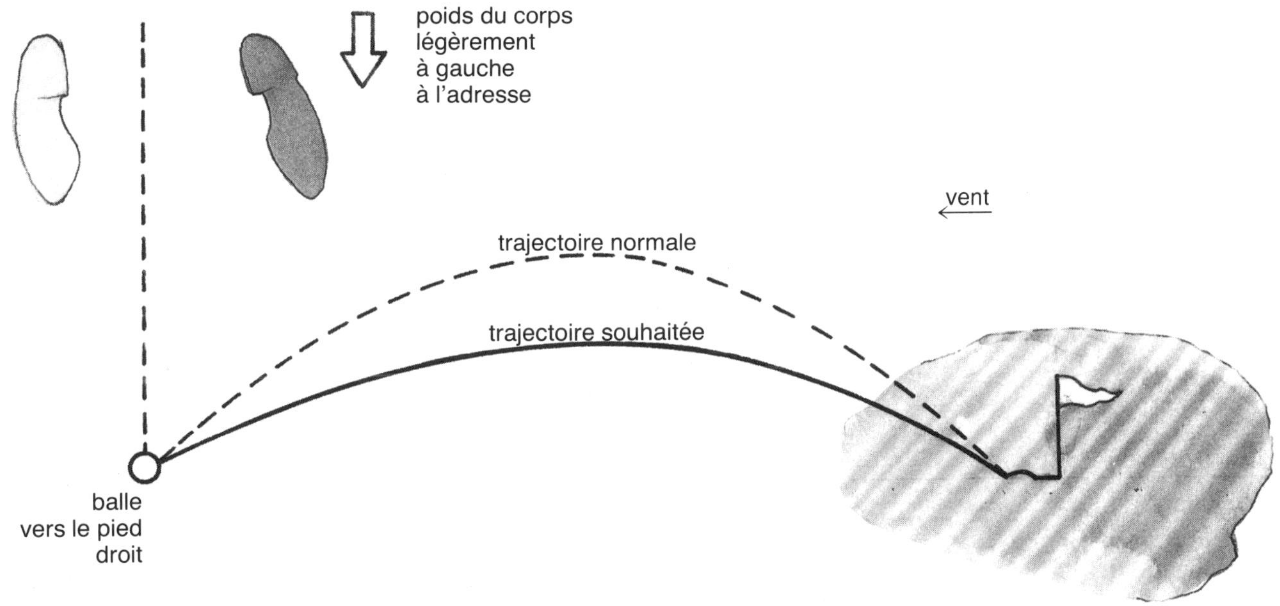

Comme la balle est jouée vers le pied droit, mettez vos mains en avant de la face de club à l'adresse, et pendant le swing cherchez à garder vos mains en avant de la face de club, notamment dans la zone d'impact.
Baissez vos mains sur le manche et serrez davantage vos doigts, vos poignets et vos avant-bras à l'adresse (comme pendant le swing) que lorsque vous swinguez normalement.

Si vous voulez accentuer la trajectoire basse, vous pouvez à un degré moindre:
- Mettre votre poids du corps à gauche à l'adresse et le laisser ainsi pendant la montée.
- Adopter un stance légèrement ouvert, ce qui favorisera un follow-through avec les mains basses et en avant de la tête du club.

Notez ainsi qu'il est plus facile de faire une balle basse avec un léger effet à gauche qu'une balle basse avec un léger effet à droite.
Conséquence: Les balles basses se jouent en draw.

LES COUPS PARTICULIERS
BALLE HAUTE

Avec un club donné vous cherchez à obtenir une balle à trajectoire plus haute que la normale

Ce coup peut être très utile quand vous devez rapidement lever votre balle à cause d'un obstacle qui s'interpose entre vous et l'objectif.

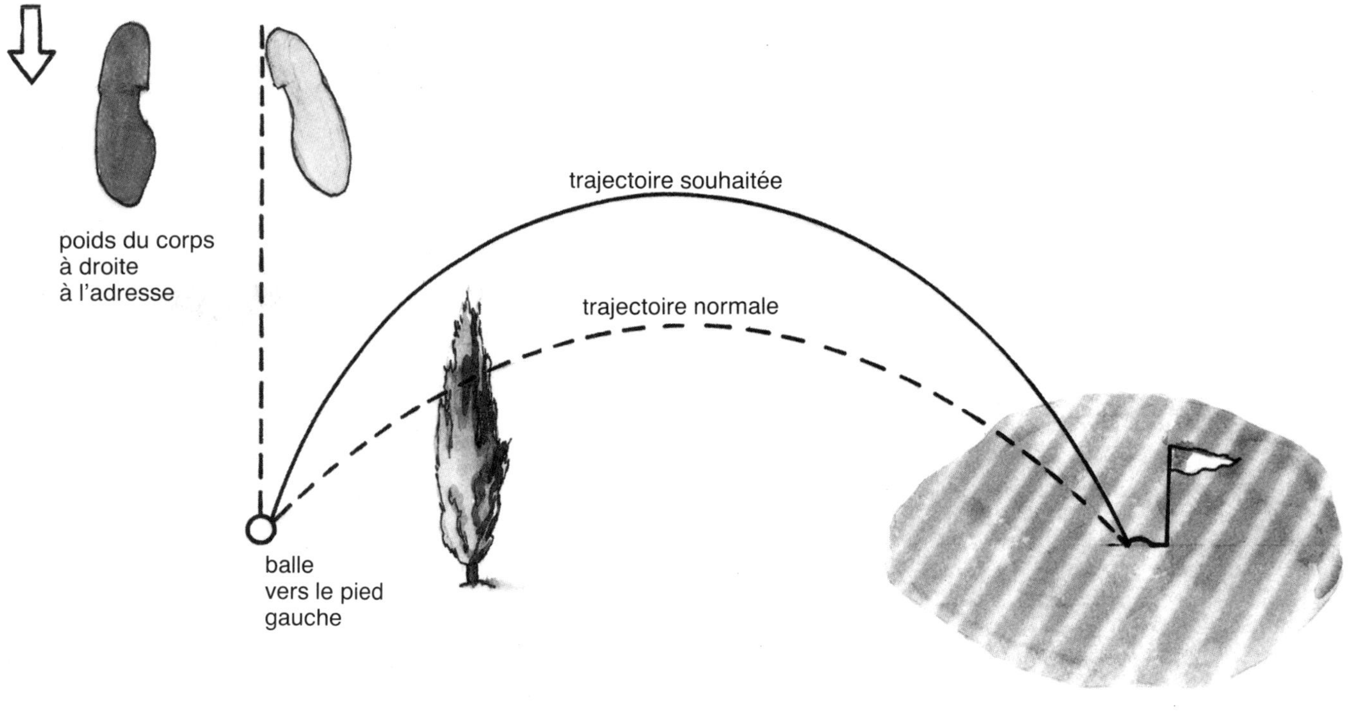

Comme la balle est jouée vers le pied gauche, mettez vos mains un peu en retrait de la face du club à l'adresse.
Prenez votre grip aussi haut que possible et serrez vos mains au minimum pour avoir un swing lent, bien rythmé, bien coulé.
Laissez la tête de club traverser complètement la balle, sans retenue. Pour cela, comme on ne serre pas beaucoup la canne pendant le swing on va pouvoir détendre plus facilement les poignets dans la zone d'impact, même si on a l'impression de toucher mollement la balle.

Notez aussi qu'il est plus facile de faire une balle haute avec un léger effet à droite qu'une balle haute avec un léger effet à gauche.

Conséquence : Les balles hautes se jouent en fade.

Tout dépend de la position de la balle et de la butte du bunker

Si vous voulez couvrir une certaine distance depuis un bunker de parcours, vous devez toucher la balle d'abord et ensuite le sable, au moment de l'impact, exactement comme un coup joué sur le fairway.
Vous devez choisir le club qui vous permet :
- de franchir la butte du bunker,
- celui qui est le mieux adapté compte tenu du lie dans le sable.

Dans un bunker de parcours il faut toujours bien ancrer les pieds dans le sable, l'intérieur des pieds plus que l'extérieur (les genoux sont alors un peu rentrés l'un vers l'autre) ; de cette manière, vous aurez plus de chance de faire un swing solide et compact dans le sable mou.

On peut très bien jouer un bois dans un bunker de parcours si la situation le permet.

Examinons maintenant les trois cas de position de la balle dans le sable qu'on rencontre fréquemment.

PREMIER CAS : LE LIE DE LA BALLE EST BON

Bon lie

Vous allez chercher à faire un swing normal.
— Armez vos pieds dans le sable (l'intérieur des pieds plus que l'extérieur).
— Descendez vos mains sur le manche du club du même nombre de centimètres que vous vous êtes ancré dans le sable.
— Mettez votre poids du corps un peu à droite à l'adresse.
— Votre balle sera jouée au talon du pied gauche.

Faites votre swing comme si vous étiez sur l'herbe en essayant de taper la balle sans pratiquement prendre de sable.

DEUXIÈME CAS : LE LIE DE LA BALLE EST MOYEN

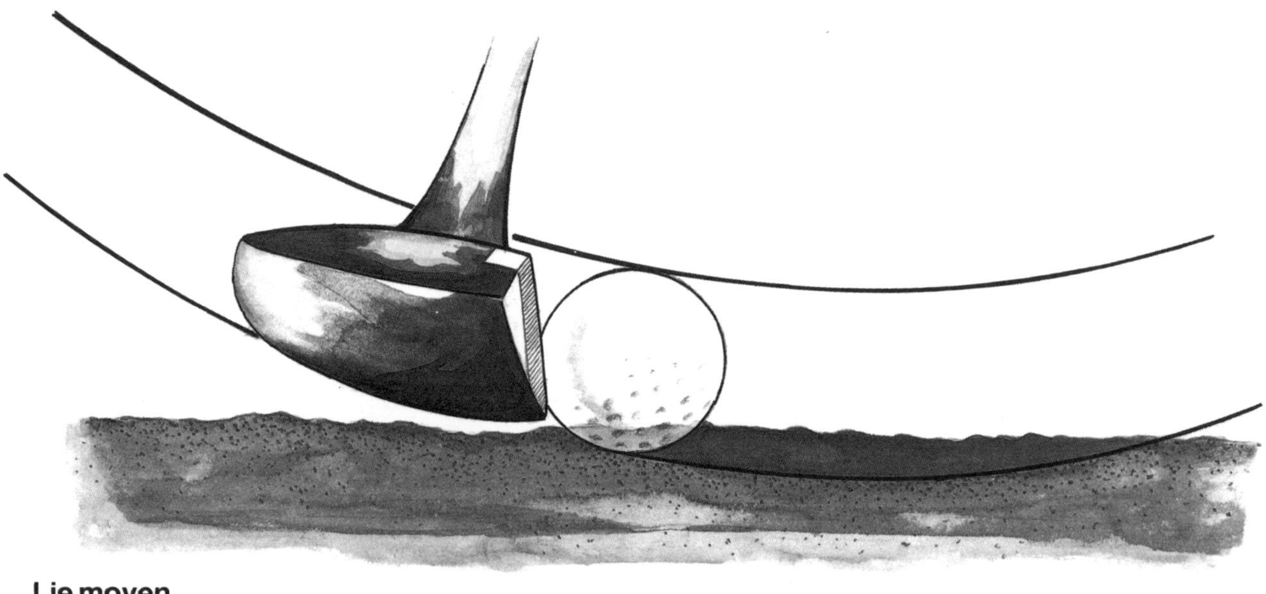

Lie moyen

La balle est légèrement enfoncée. Vous allez essayer de la contacter d'abord et le sable après, donc avec un arc de cercle légèrement descendant. Pour y parvenir voici les éléments du coup.
— Ancrez vos pieds dans le sable (l'intérieur des pieds plus que l'extérieur).
— Descendez d'autant vos mains sur le grip du club.
— Mettez votre poids du corps à gauche.
— Votre balle sera jouée davantage au milieu des pieds.
— Essayez de faire un bon swing en gardant toutefois votre poids du corps à gauche au backswing.

La balle ira 15 à 20 mètres moins loin que la distance maximale du club joué. Il faut en tenir compte dans le choix du club.

TROISIÈME CAS: LE LIE DE LA BALLE EST MAUVAIS

Mauvais lie

Vous ne pouvez pas faire autrement que prendre du sable avant la balle.
A ce moment-là, vous adoptez la technique de l'explosion dans le sable en ouvrant la face du club et en visant à gauche de l'objectif car la balle aura un effet à droite et ira nettement moins loin que dans les conditions normales.
Pour le faire avec un bois ou un long fer il faut déjà être un excellent joueur. Si vous ne vous sentez pas sûr, prenez votre sand-wedge.

SI LA BALLE EST VRAIMENT TRÈS ENFONCÉE

A ce moment-là, au lieu d'ouvrir la face du club, vous la fermez, sinon elle ne va pas pénétrer dans le sable.
Faites un mouvement très vertical, en cassant les poignets tout de suite dès le début de la montée, tapez violemment avec votre main droite dans le sable juste avant la balle. Vous ne pouvez certainement pas finir votre swing, peu importe, ne vous souciez pas de l'esthétique, l'essentiel étant que la balle sorte du bunker.
Utilisez votre sand-wedge.

LE ROUGH 1

Frappez du haut vers le bas

Tout dépend de la position de votre balle dans le rough.

Deux préceptes à suivre :

- Jouez avec une face de club ouverte ; cela aidera la balle à se lever et compense le fait que l'herbe va entourer la tête du club et la fermer.
- Un swing descendant sur la balle pour que la tête de club prenne le minimum d'herbe possible avant la balle sur son passage.

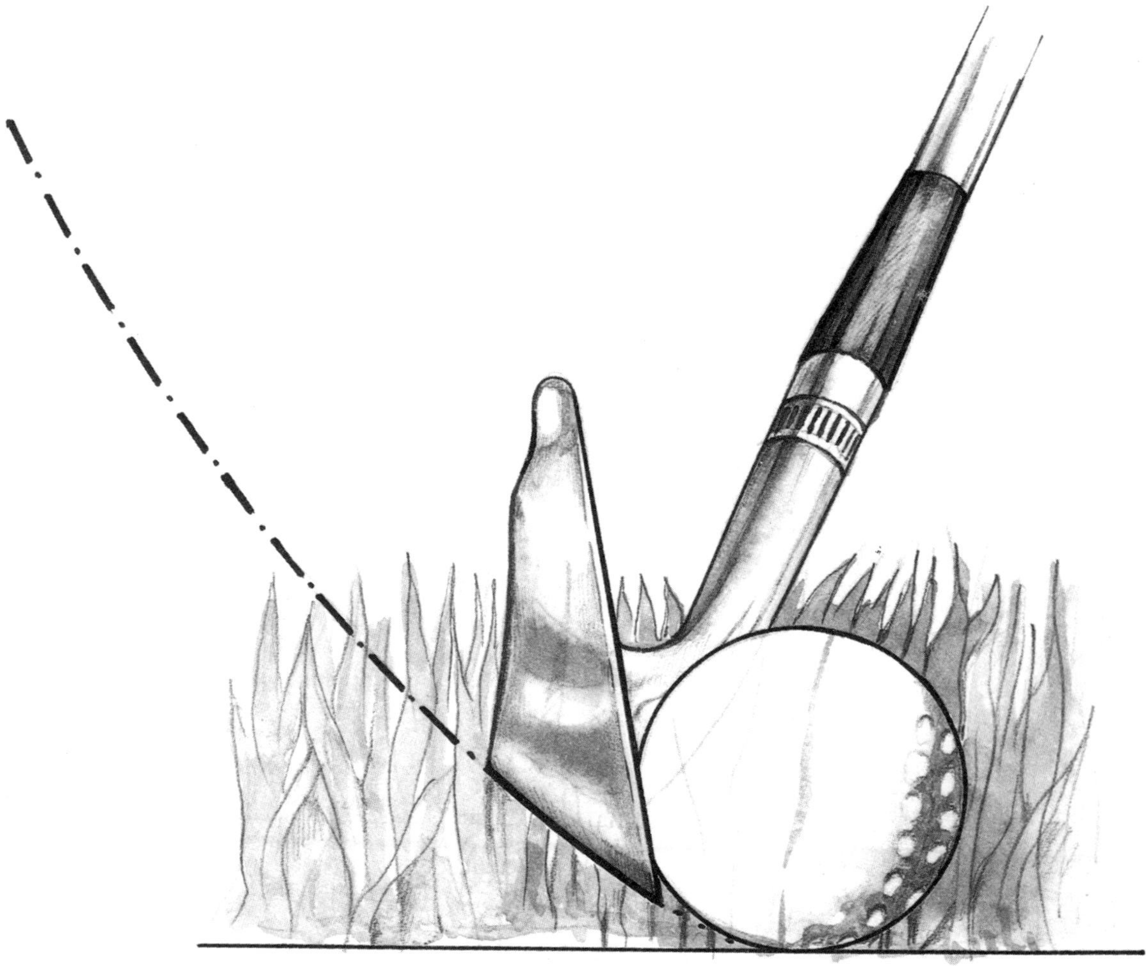

Si on ne suit pas ces deux indications, la balle aura une trajectoire basse avec un effet à gauche.

LES COUPS PARTICULIERS
LE ROUGH 2

Pour parvenir à sortir convenablement une balle du rough, vous jouerez de la manière suivante :

- Mettez votre poids du corps à gauche.
- Plus la balle est enfoncée, plus vous la jouerez près du pied droit.
- Démarrez en cassant prématurément les poignets.
- Pendant la montée, gardez votre poids du corps à gauche.
- Dans la descente, accélérez le bras gauche dans la zone d'impact, en serrant un peu plus que d'habitude la main gauche pour éviter que la face du club se ferme à l'impact.
- Le finish ne sera peut-être pas très élégant, mais la balle sortira convenablement.

Si le rough n'est pas trop « méchant » et que vous vouliez jouer un long fer, choisissez plutôt un bois de fairway équivalent, car l'herbe enveloppera moins la tête du bois que celle du fer.

En raison de l'herbe qui va s'interposer entre la balle et la face du club, il sera impossible de donner volontairement de l'effet à la balle et d'autre part elle roulera beaucoup.

LE ROUGH A PROXIMITÉ DU GREEN

Deux cas peuvent se présenter.

PREMIER CAS

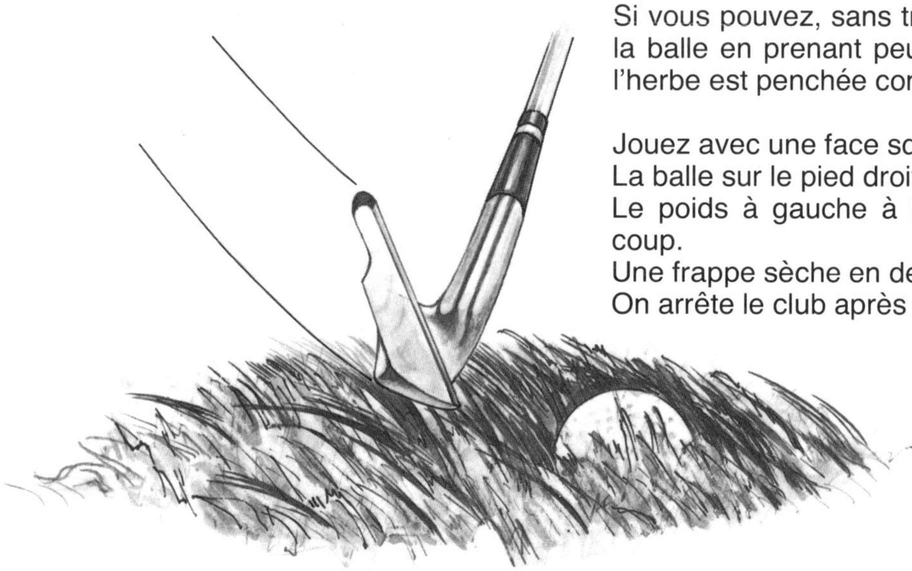

Si vous pouvez, sans trop de problèmes, taper la balle en prenant peu d'herbe (par exemple, l'herbe est penchée contre vous):

Jouez avec une face square.
La balle sur le pied droit.
Le poids à gauche à l'adresse et pendant le coup.
Une frappe sèche en descendant.
On arrête le club après l'impact.

DEUXIÈME CAS

L'herbe est penchée vers le trou.

A ce moment-là faites une explosion comme dans un bunker.

CONCLUSION

Quelques phrases clés

John JACOBS :

« Au golf, tout l'art de la compétition consiste à connaître ses propres limites et à faire de son mieux à chaque coup. »

« Quand vous êtes en compétition essayez :

— de ne jamais effectuer un coup sans avoir au préalable exactement décidé de ce que vous voulez faire ;

— de ne jamais entreprendre plus que ce que vous pouvez espérer réussir ;

— de vous donner toute la peine possible sur chaque coup. »

Tom WATSON :

« Le golf est un sport d'alignement. »

Lee TREVINO :

« Le golf est un sport de confiance. »

Bob TOSKI :

« Le golf est un jeu de sensations. »

Gary PLAYER :

« Plus je m'entraîne, plus j'ai de la chance. »

LEXIQUE

Adresse — position du joueur devant la balle avant de jouer.

Approche — coup de golf destiné à atteindre le green — lorsqu'on en est proche — avec un mouvement d'amplitude réduite.

Backspin — effet arrière donné à la balle. Une balle qui a beaucoup de backspin roule peu après son impact sur le sol.

Backswing — partie du mouvement qui consiste à monter le club pour préparer la frappe de la balle.

Bois — club dont la tête est en bois massif ou en métal, on l'appelle alors *«bois métallique»*. Les plus courants sont les bois numérotés de 1 à 7. Ils sont utilisés pour faire parcourir à la balle des longues distances.

Bunker — obstacle en dépression recouvert de sable. Il existe des bunkers à proximité du green mais aussi sur le parcours. Ils sont là pour rendre plus difficile le parcours et pour pénaliser les mauvais coups.

Chip — coup d'approche destiné à donner à la balle une hauteur de vol moyenne.

Club — canne utilisée pour envoyer la balle en la frappant.

Coup-roulé — coup d'approche où la balle se lève très peu mais roule beaucoup. Il se joue très près du green.

Dog-Leg — trou qui tourne à gauche ou à droite. On trouve ainsi des *«Dog-Leg à gauche»* et des *«Dog-Leg à droite»*.

Drill — exercice destiné à améliorer le swing.

Driver — nom communément donné au bois n° 1.

Étiquette — ensemble de règles du jeu faisant partie des règles de golf définissant l'attitude que doit avoir le joueur sur le parcours vis-à-vis du terrain et des autres joueurs.

Explosion — coup d'approche à partir d'un bunker où l'on ne frappe pas directement la balle mais le sable qui se trouve juste derrière elle.

Fairway — partie du parcours tondue entre le départ et le green.

Fer — club dont la tête, étroite, est en métal. Ils sont numérotés de 1 à 10. Le *Pitching-Wedge* et le *Sand-Wedge* sont en fer également.

Green — partie du terrain entourant le trou où le gazon est finement tondu et roulé. Le green est l'endroit du putting.

Grip — désigne deux choses:
- soit la façon de tenir le club,
- soit la partie du manche où l'on place les mains.

Lie — deux significations:
- la position de la balle sur le gazon,
- l'inclinaison du manche d'un club par rapport au sol.

LEXIQUE

Loft	définit l'inclinaison de la face du club.
Par	score idéal sur un trou. Il n'existe que des par 3, 4, ou 5.
Pitch	deux significations: • coup d'approche destiné à beaucoup lever la balle, • petit trou dans le gazon que fait la balle en tombant sur le green.
Pitching-wedge	club dont la face est très ouverte et assez lourd. Il est très utilisé dans les approches pour faire des «*pitchs*».
Practice	terrain d'entraînement où les joueurs travaillent leurs swings en tapant des balles, les professeurs y donnent leurs leçons. Le practice est généralement très voisin du club. Sa superficie est d'environ deux hectares. Quatre distances (50, 100, 150 et 200 m) sont indiquées sur des panneaux.
Putter	club à face verticale servant à faire rouler la balle sur le green en direction du trou.
Putting	c'est la partie du jeu qui consiste à faire rouler la balle sur le green.
Rough	partie du parcours qui borde le fairway de chaque côté et aussi à proximité du green. C'est une partie de terrain non tondu d'où il est très difficile parfois de sortir la balle.
Sand-wedge	c'est le club le plus lourd du sac mais aussi celui dont la face est la plus ouverte. Il est très utilisé dans les bunkers à proximité du green en utilisant la technique de l'explosion. On peut également s'en servir sur le gazon pour beaucoup lever la balle sur une approche.
Socket	coup de golf complètement incontrôlé qui part à droite pratiquement à angle droit avec la ligne de jeu.
Square	quand un joueur est square par rapport à l'objectif cela veut dire que sa face de club est placée perpendiculairement à la ligne de jeu et que son corps est aligné parallèlement à cette même ligne de jeu.
Stance	position des pieds sur le sol. Il en existe trois sortes: • le stance square: la ligne qui joint le bout des pieds est parallèle à la ligne de jeu, • le stance fermé: la pointe du pied gauche est légèrement en avant de la ligne de jeu, • le stance ouvert: la pointe du pied droit est légèrement en avant de la ligne de jeu.
Swing	c'est le mouvement de golf dans son ensemble.
Take-away	c'est le tout début de la montée quand la tête du club commence à s'éloigner de la balle.
Tee	petit objet en bois ou en plastique destiné à être planté dans le sol au départ d'un trou et sur lequel on pose la balle.
Timing	c'est l'enchaînement dans le temps des différentes parties du corps pendant l'exécution du swing.
Topspin	effet avant donné à la balle. Une balle qui a beaucoup de topspin roule beaucoup après son impact sur le sol.

TABLE DES MATIÈRES

TABLE DES MATIÈRES

TABLE DES MATIÈRES

Fédération Française de Golf
69, avenue Victor-Hugo
75783 Paris cedex 16

Maquette Philippe Pierrelée

Dessins originaux
de
Sylvie Taugourdeau
et
Livia Ante

Remerciements

L'auteur tient à remercier
Marie-Odile et Bertrand Leperre,
Madame Claude Gorodetzsky,
Monsieur Jean-Jacques Kielholz,
Monsieur Philippe Boegner,
pour leur aimable collaboration.

Achevé d'imprimer
sur les presses de l'imprimerie Maury, à Malesherbes.
Photogravure Jovis, à Cachan.
Composition 5 Off 7, à Paris.
ISBN: 2.85108.431.3
Dépôt légal: 116 - avril 1986
34/0595/8